Helmut Schlegel Assisi für Pilger

Helmut Schlegel

Assisi für Pilger

Ein spiritueller Reisebegleiter

echter

Bevor Sie weiterblättern ...

Wenn Sie Assisi als Touristin oder Tourist besuchen, finden Sie eine reizvolle Landschaft, herrliche Kunstschätze, interessante Dokumente aus der Geschichte – alles in allem eine eindrucksvolle Stadt.

Wenn Sie als Pilgerin oder Pilger nach Assisi kommen, dann erfahren Sie, was das Geheimnis dieser Stadt ist, was sie prägt und aus welchem Geist sie lebt. Pilger leben vom Weg und von der Begegnung. Assisi ist voller Wege. Sie führen durch die Stadt und aus der Stadt heraus. Immer wieder kreuzen sich die Wege. Hier treffen Sie Bekannte und Unbekannte. Und Sie treffen Franziskus und Klara. Auch nach 800 Jahren sind sie hier lebendig.

Zugegeben: Vieles in dieser Stadt verdeckt den ursprünglichen Geist. Das Leben ist auch hier laut und umtriebig geworden. Bars und Hotels, Geschäfte und Büros bestimmen das Stadtbild. Wer die Stille sucht, muss hinaus aus der Stadt, hinab nach San Damiano oder hinauf zu den Carceri. Wer sich allerdings bewusst macht, wie es zur Zeit von Franziskus und Klara hier war, wie diese beiden unter der Geschäftigkeit und dem Luxusstreben, den Machtkämpfen und den Intrigen litten, der mag dieses Kontrastprogramm als Herausforderung empfinden. Nein, wir finden hier keine Idylle, und das wäre weder echt evangelisch noch gut franziskanisch. Wir finden hier die Welt, wie sie ist. In dieser Welt Einfachheit und Versöhnung suchen wie Franziskus und kontemplativ leben wie Klara – dies ist das Abenteuer, zu dem Assisi uns heute einlädt.

Das vorliegende Assisi-Buch schlägt Ihnen vor, sich auf einen solchen Pilgerweg einzulassen. Es will Sie zu den geistlichen Quellen führen, aus denen Franz und Klara geschöpft haben. Es will Ihnen Mut machen, anzuhalten, die Kraft der Orte zu spüren, auf dem Weg zu bleiben und nach Orientierung zu suchen, die Gegensätze auszuhalten und das Evangelium zu probieren, kurzum: in die Fußspuren Jesu zu treten, denn nur das ist das Programm der beiden großen Heiligen dieser Stadt.

Über Assisi hinaus kann dieses Buch Begleiter sein für Menschen, die sich auf einen geistlichen Weg in den Spuren von Franziskus und Klara einlassen.

Dank sage ich allen, die in den letzten Jahrzehnten mit mir auf dem Weg waren und so zur Verwirklichung dieses geistlichen Pilgerbegleiters beigetragen haben!

Das Buch gliedert sich in drei Teile:

1. **Orte und Anhaltspunkte**
   Die Spiritualität der franziskanischen
   und klarianischen Orte

2. **Themen und Impulse**
   Anregungen für ein Leben im Geist
   von Franziskus und Klara

3. **Gebete und Liturgien**
   Texte für das persönliche und gemeinsame Beten
   auf einem Pilgerweg

Querverweise

Neben den zu den einzelnen Orten und Themen abgedruckten Informationen und Meditationen enthält dieses Buch Querverweise (etwa auf einschlägige Bibeltexte), sodass Ihnen als Pilgerinnen und Pilger oder als Leiterinnen und Leiter von Pilgergruppen eine Fülle von Impulsen und Anregungen zur Verfügung steht.

Kursiv gedruckte Textstellen

Originaltexte aus den Schriften des hl. Franziskus und der hl. Klara sowie aus den frühen Biographien werden zitiert nach den Franziskus-Quellen (FQ) und Klara-Quellen (KQ). Diese Textteile sind kursiv gedruckt. Genaue Quellenangaben finden sich am Ende des Buches.

Eingerückte Textstellen

> So gekennzeichnete Textpassagen enthalten **Anregungen** für die persönliche Besinnung an den jeweiligen Orten, **Fragestellungen** zu franziskanischen und klarianischen Themen und **Impulse** für Gruppengespräche.

Franziskanisches Liederbuch

Als Ergänzung dieses Textbuches empfiehlt sich:

SONNENMUSIKANT.
Ein Franziskanisches Liederbuch.
Strube Verlag, München-Berlin.

Dieses Buch enthält 292 Lieder und Gesänge aus dem Fundus des Neuen Geistlichen Liedes und eignet sich für die musikalische Gestaltung von Gebetszeiten und Liturgien.

Inhalt

Teil 1 – **Orte und Anhaltspunkte**

Teil 2 – **Themen und Impulse**

Teil 3 – **Gebete und Liturgien**

Assisi

1 Klaras Geburtshaus
2 a, b, c Geburtshaus von Franziskus
3 Haus des Bernard von Quintavalle
4 Postamt
5 Palazzo del Capitano del Popolo
6 Torre Comunale
7 Santa Maria sopra Minerva
8 Palazzo Comunale
9 San Giacomo al Murorupto
10 Santo Stefano
11 Santa Maria Maggiore
12 Bischofspalast
13 Die alte Porta Perlici

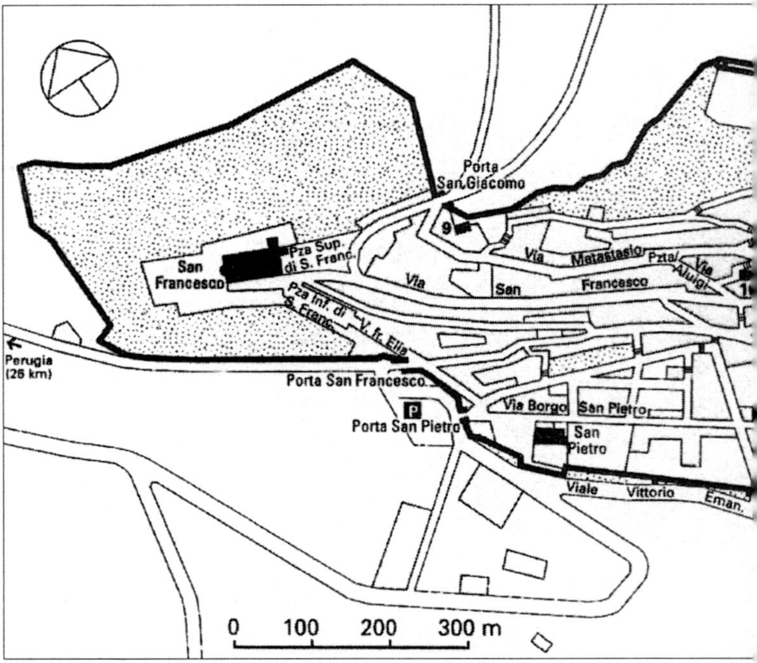

Teil 1 – **Orte und Anhaltspunkte**

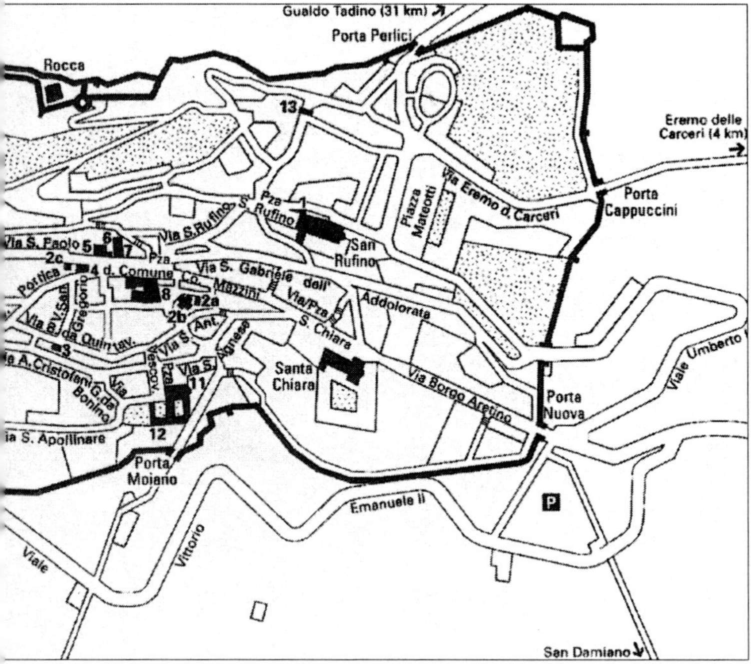

Assisi und Umbrien

Wer Italien vom Norden her durchquert, erreicht in der Mitte des Landes eine sehr kleine, aber ebenso reizvolle Region: Umbrien. Die Landschaft ist von Bergen und Hügeln geprägt und dazwischen breitet sich die weite, fruchtbare umbrische Ebene aus. Von der Bahnstation Santa Maria degli Angeli aus bietet sich nach Nordosten hin ein großartiger Anblick auf Assisi. Der mächtige Monte Subasio läuft langsam aus und lässt auf einem vorgelagerten Hügel die mittelalterliche Stadt Platz nehmen. Die Gründung der Stadt kann nicht genau datiert werden, bis heute finden sich jedoch Spuren etruskischer Kultur. Im Jahr 295 v. Chr. bemächtigten sich die Römer der Stadt und machten sie zum municipium. Damit hatte Asisium, wie der Name damals lautete, sowohl das Marktrecht als auch die Verpflichtung, Soldaten für das römische Heer bereitzustellen. Das Amphitheater und der Minerva-Tempel an der Piazza del Commune legen ein sichtbares Zeugnis für die damalige Blütezeit ab. Es war der Märtyrerbischof Rufinus, der im 3. Jahrhundert den christlichen Glauben nach Assisi brachte. Eine der großen Kirchen der Stadt, San Rufino, ist ihm als Stadtpatron geweiht. Mit dem Zusammenbruch des römischen Reiches begann auch für Assisi eine Zeit des Niedergangs und der Verarmung. Im Jahre 545 zerstörten die Ostgoten einen großen Teil der Stadt, später wurde sie von den Langobarden erobert und schließlich unter die Herrschaft der Grafen von Spoleto gestellt. Erst im 11. und 12. Jahrhundert blühte Assisi wieder auf. Handel und Handwerk brachten wirtschaftlichen Aufschwung. Es war die Zeit, in der die Stadt unter der Rivalität zwischen Papst und Kaiser ebenso zu leiden hatte wie unter dem Machtstreben der Nachbarstadt Perugia und ihrer Adeligen. Nicht zuletzt waren es innerstädtische Fehden, die Assisi unter eine Zerreißprobe stellten: Die Bürger lehnten sich gegen den Adel auf, wobei sich Letzterer mit Perugia verbündete. In diese Zeit hinein wurden Franziskus und Klara geboren.

Heimat eines Heimatlosen

Umbrien ist mehr als eine Landschaft. Assisi ist mehr als eine Stadt. Wenn uns irgendwo in den engen Gässchen der Stadt Franziskus entgegenkäme, würde er uns vielleicht sagen, was der Grund dieser besonderen Atmosphäre ist: „Dies ist meine Heimat! Hier kenne ich jeden Stein. Die Waldhöhlen der Umgebung sind mir vertraut. Am Morgen warte ich, bis die Sonne die Berge in ihr flutendes Licht taucht. In der Nacht koste ich die Stille und Dunkelheit."

Aber Franz konnte nicht bleiben. Nicht Wurzel fassen in Assisi und Umbrien. Der Bruch mit seinem Vater ist Signal für seine Heimatlosigkeit, für die Sehnsucht nach mehr als Haus und Garten, Handel und Kultur. Franz ist überall zu Hause und nirgends. Er arbeitet außerhalb der

Stadt und bettelt auf der Straße. Mal wohnt er im Stall von Rivo Torto, mal in der Wildnis von Portiuncula. Das Heimweh ist tiefer: Unsere Häuser, Städte, Landschaften, Felsen und Täler sind nur ein vorläufiges Zuhause. Wie Franz sind wir auf der Suche nach der wirklichen Heimat, nach der Geborgenheit in Gott: „In ihm leben wir, bewegen wir uns und sind wir" (Apg 17,28).

Franziskus

Franziskus stammte aus der Stadt Assisi, die im Gebiet des Spoletotales gelegen ist. Von der Mutter wurde er zuerst Johannes genannt; vom Vater aber, der bei der Geburt in Frankreich weilte, erhielt er bald nach dessen Rückkehr den Namen Franziskus. Als er herangewachsen und sein reger Geist erwacht war, übte Franziskus das Gewerbe des Vaters, das heißt das Kaufmannsgeschäft, aus, jedoch ganz anders, denn er war viel freigebiger und heiterer. Er tat sich mit Gleichgesinnten zusammen und durchzog, dem Spiel und Sang ergeben, Tag und Nacht die Stadt Assisi. Beim Ausgeben von Geld war er so überaus verschwenderisch, dass er alles, was er haben und verdienen konnte, für Gastmähler und andere Dinge verwendete. Deshalb wurde er von seinen Eltern oft getadelt. Sie warfen ihm vor, er mache für sich und andere solche Ausgaben, dass es scheine, er sei nicht ihr Sohn, sondern der eines großen Fürsten. Weil seine Eltern jedoch reich waren und ihn aufs zärtlichste liebten, ließen sie ihn in seinem Treiben gewähren und wollten ihn nicht stören. Seine Mutter entgegnete, wenn bei den Nachbarn von seiner verschwenderischen Art die Rede war: „Was haltet ihr von meinem Sohn? Durch die Gnade wird er noch ein Kind Gottes werden" (...).

Im Benehmen und Reden waren ihm höfische Sitten gleichsam angeboren; so hatte er sich denn auch in seinem Herzen vorgenommen, niemandem ein unrechtes oder anstößiges Wort zu sagen. Ja, obwohl er so ein zu jedem Scherz und Übermut aufgelegter junger Mann war, nahm er sich vor, denen überhaupt nicht zu antworten, die Unanständiges zu ihm redeten. Deshalb verbreitete sich sein Ruf nahezu in der ganzen Gegend, so dass viele, die ihn kannten, von ihm sagten, er werde noch etwas Großes werden.

(FQ – Die Dreigefährtenlegende 2f.)

Klara

Die bewundernswerte Frau, Klara dem Namen und der Tugend nach, stammte aus einem vornehmen Geschlecht der Stadt Assisi. Dem seligen Franziskus war sie so zuerst Mitbürgerin auf Erden, bald darauf Mitherrscherin im Himmel. Ihr Vater war Ritter, und das ganze Geschlecht von Vater und Mutter her war ritterlicher Abstammung. Ihr Haus war sehr reich und groß ihr Vermögen, entsprechend den Verhältnissen des Landes.

(KQ – Thomas von Celano, Leben der hl. Klara 1f.)

1193 oder 1194 wurde Klara geboren. Sie stammte von einer stadtadeligen Familie. Ihr Elternhaus, ein großes palastähnliches Gebäude, steht in der Nähe des Domes San Rufino. Von ihrem Vater Favarone di Offreduccio wissen wir wenig. Er war oft auf Reisen und trat auch sonst kaum in

Erscheinung. Klara wird hauptsächlich von ihrer Mutter Hortulana erzogen. Eine offensichtlich fromme Frau, eine herausragende Persönlichkeit, die ihr Christsein auch im Engagement für die Bettler und Armen in der Stadt praktizierte. Berichtet wird, dass sie zahlreiche Pilgerreisen unternahm, unter anderem nach Compostela zum Heiligtum des heiligen Jakobus, auf den Berg Gargano in Süditalien, wo der Erzengel Michael verehrt wird, und auch nach Palästina. Später finden wir sie in der Schwesterngemeinschaft ihrer Tochter in San Damiano.

Als Klara geboren wurde, gab es in Assisi schon ein gewähltes Stadtparlament. Assisi lag in ständiger Fehde mit der Nachbarstadt Perugia. Die Adligen (majores) verbündeten sich zeitweise mit den Bürgern Perugias, um die Bauern und Handwerker (minores) niederzuhalten. Nach dem Tod Heinrich IV. flammte in Assisi der Aufstand auf. Die Abwesenheit des Herzogs von Spoleto, des Deutschen Konrad von Lützen, ausnützend, erhoben sich die minores gegen die Adligen, stürmten und zerstörten die Zwingburg und bauten mit den Steinen die Stadtmauer. Viele adlige Familien wurden niedergemacht, andere flohen nach Perugia. So auch Monaldo, der Onkel Klaras, mitsamt der Familie. Perugia erhob daraufhin Forderungen an Assisi. Sie wurden vom Stadtrat abgelehnt. Es kam 1202 zur Schlacht von Colestrada. Assisi wurde dabei vernichtend geschlagen. Francesco, der unter den vor allem jungen Aufständischen gewesen war, geriet in harte Gefangenschaft, aus der er als kranker und innerlich veränderter Mensch zurückkehrte.

Auch die Familie der Offreducio kehrte 1203 oder 1204 nach Assisi zurück. Klara war damals etwa zehn Jahre alt.

Im Jahr 1203 kam es durch einen Schiedsspruch zum Frieden zwischen Adel und Bürgertum. Im sogenannten „Statut der ewigen Übereinkunft" aus dem Jahr 1210 wurde das Verhältnis zwischen den majores und minores endgültig geklärt.

In diese Zeit hinein fällt die Geschichte der Bekehrung Francescos. Seine Familie gehörte zu den Aufsteigern bzw. Neureichen. Pietro Bernardone war Tuchhändler und wollte sich mit seinem Geld die Rechte der Adligen erwerben. Die Tatsache, dass sein Sohn von dieser Laufbahn absprang und ein Leben als Bettler und Büßer in Assisi begann, war ein Schock für Bernardone und für viele in Assisi.

Wenn Sie in Assisi Quartier genommen und sich von der Reise ein wenig ausgeruht haben, dann nehmen Sie sich zwei Stunden Zeit und steigen Sie zu Fuß auf die Rocca Maggiore. Die Burgruine ist eines der beherrschenden Wahrzeichen der Stadt. Gehen Sie an die verschiedenen Ecken des Platzes vor der Burg und genießen Sie den großartigen Blick auf die Stadt.

Lesen Sie die beiden Texte über Franziskus und Klara und ihr historisches Umfeld. Folgende Fragen können für die persönliche Besinnung und für das Gespräch hilfreich sein:

Welchen Eindruck vermittelt der Blick auf die Stadt Assisi von hier oben?

In welcher Weise haben die Familiengeschichten und die Zeitumstände Franziskus und Klara beeinflusst und geprägt?

Sehen Sie Parallelen zwischen dem Hochmittelalter und unserer Zeit?

Weitere Quellentexte

Krieg zwischen Assisi und Perugia
(FQ – Die Dreigefährtenlegende 4)

Franziskus – König der Jugend
(FQ – Die Dreigefährtenlegende 7f.)

Franziskus bettelt in Assisi
(FQ – Die Dreigefährtenlegende 22)

Klara rettet Assisi
(KQ – Thomas von Celano, Leben der hl. Klara 23)

Biblische Texte

Gott behütet die Stadt (Ps 127)
Die Stadt auf dem Berge (Mt 5,14–16)
Die Verwandten Jesu (Lk 8,19–21)

Gebete

Lob und Dank (Gebetszeit am Montag, → S. 219)

Chiesa Nuova

In einem Haus nahe der Piazza del Commune ist Franziskus geboren. Hier hat er auch seine Kindheit und Jugend verbracht. Zwei Orte können wir besuchen: zum einen die Kapelle San Francesco Piccolino, zum anderen die Chiesa Nuova. Über der kleinen Kapelle steht als Inschrift in lateinischer Sprache: „Diese Kapelle war einst ein Stall für Ochs und Esel, hier wurde Franziskus, der Spiegel für alle Welt, geboren." Nach der Legende konnte die Mutter Pica im Haus der Familie das Kind nicht gebären und suchte auf den Rat eines Pilgers den Stall auf. Dort kam das Kind zur Welt. Schon seine Geburt in der Armut eines Stalles erinnert an Jesus und zeigt, in welch enger Verbundenheit beide stehen.

Ein paar Schritte von der Kapelle entfernt finden wir die Chiesa Nuova. Diese Kirche wurde 1615 an der Stelle erbaut, an der sich nach alten Überlieferungen das Wohnhaus der Familie Bernardone befand. Hier war auch der Tuchladen, in dem Franziskus in seiner Jugendzeit die Kunden bediente. Das florierende Geschäft verleitete ihn, großzügig mit Geld umzugehen und mit seinen Freunden rauschende Feste zu feiern. Aber diese Lebensweise wurde immer fragwürdiger für ihn. Mehr und mehr wandte sich Franziskus einem Leben zu, das von der Nachfolge Jesu geprägt war. Vater Pietro Bernardone missbilligte den Sinneswandel seines Sohnes und wollte ihn umstimmen. Als es ihm nicht gelang, griff er zu gewalttätigen Mitteln. Die Kerkerzelle, in die er Franziskus einsperrte, ist in der Kirche Chiesa Nuova zu sehen.

Einige Tage nach seiner Rückkehr nach Assisi wählten ihn seine Gefährten eines Abends zum Anführer, damit er nach Belieben die Kosten trage. Er ließ also ein üppiges Mahl bereiten, wie er es schon oft getan hatte. Nach dem Schmaus gingen sie ins Freie; die Gefährten schritten allesamt vor ihm her, und so zogen sie singend durch die Stadt. Er selbst trug gleichsam als Anführer einen Stab in der Hand und ging ein wenig hinter ihnen her; aber statt zu singen, war er in Gedanken versunken. Und siehe plötzlich wird er vom Herrn heimgesucht, und sein Herz mit solcher Süßigkeit erfüllt, dass er weder sprechen noch sich von der Stelle bewegen konnte, dass er nichts anderes zu empfinden noch zu hören vermochte als jene Süßigkeit. So sehr hatte sie ihm alle körperliche Empfindung geraubt, dass, wie er selbst später bekannte, er sich nicht von der Stelle hätte bewegen können, selbst wenn man ihn in Stücke gehauen hätte. Als aber seine Gefährten sich umblickten und sahen, wie weit er sich von ihnen entfernt hatte, kehrten sie zu ihm zurück und hielten ihn, der gleichsam schon in einen anderen Menschen verwandelt war, erschrocken fest. Und sie fragten ihn: „An was hast du gedacht, dass du uns nicht nachgekommen bist? Hast du vielleicht daran gedacht, eine Frau zu nehmen?“ Mit lebhafter Stimme antwortete jener: „Ihr habt die Wahrheit gesagt, denn ich habe daran gedacht, mir eine Braut zu nehmen, die edler, reicher und schöner ist, als ihr je eine gesehen habt."

(FQ – Die Dreigefährtenlegende 7)

Dann schleppte er (der Vater) ihn (Franziskus) in sein Haus, sperrte ihn dort mehrere Tage in einen dunklen Kerker und bemühte sich, durch Worte und Schläge seinen Sinn wieder auf die Eitelkeit der Welt zu lenken. Er aber ließ sich weder durch Worte noch durch Kerker erschüttern noch durch Schläge mürbe machen; vielmehr ertrug er alles in Geduld und wurde nur umso bereiter und entschlossener, sein heiliges Vorhaben auszuführen. Als sein Vater in einer dringenden Angelegenheit außer Haus gegangen war, redete die Mutter, die mit ihm allein zurückgeblieben war und das Vorgehen ihres Mannes missbilligte, ihrem Sohn mit zärtlichen Worten zu. Weil sie ihn aber von seinem heiligen Vorhaben nicht abbringen konnte, ließ sich ihr Herz über ihn erweichen. Sie löste die Fesseln und ließ ihn frei davongehen.

(FQ – Die Dreigefährtenlegende 17,9–18,3)

Aufbrechen

Aufbrechen kostet viel Kraft. Aufbruch ist immer auch Abbruch. Manchmal hat es sogar etwas Zerstörerisches an sich: eine Straße aufbrechen, ein Auto aufbrechen ...

Und gleichzeitig ist Aufbruch ein neuer Anfang, eine Zukunft, eine Hoffnung: Wir verlassen das Haus, trauen uns hinaus bei Wind und Wetter. Wir gehen ein Wagnis ein. Wenn ich aufbreche. weiß ich nie, was kommt. Nicht einmal das Wetter kann ich einschätzen. Noch weniger die

Menschen, am wenigsten mich selbst. Gott – so sagt die Bibel – ist auch ein Wagnis. Und doch lockt uns dieses Wagnis. Wir spüren eine Sehnsucht nach ihm, nach dem Unbekannten, in unserem Blut. Wer Gott finden will, muss aufbrechen, muss die Schale der Gewohnheit aufbrechen, muss die nackte Seele ins Leben hineinhalten.

Anregungen, Fragestellungen und Impulse

Betrachten Sie, bevor Sie die Kirche Chiesa Nuova betreten, das Standbild, das die Eltern von Franziskus zeigt. Welchen Eindruck vermittelt Ihnen das Bild über die Herkunft des Heiligen?

Denken Sie an dieser Stelle an Ihre eigenen Eltern – an das Gute, das sie Ihnen verdanken, und auch an das Beschwerliche, das sie Ihnen mitgegeben haben.

Betreten Sie die Kirche und lesen Sie nach einigem Verweilen den oben stehenden Text über Franziskus aus der Dreigefährtenlegende.

Gehen Sie an die Stelle, die die Kerkerzelle zeigt, in die Franziskus eingesperrt wurde.

Welche Kräfte haben ihn gefesselt?
Welche haben ihn befreit?
Kennen Sie solche Kräfte?

Weitere Quellentexte

Franziskus als Kind
(FQ – Die Dreigefährtenlegende 2)

Franziskus und der Arme
(FQ – Die Dreigefährtenlegende 3)

Der Ruf Christi an Franziskus
(FQ – Die Dreigefährtenlegende 5f.)

Bekehrung des Franziskus
(FQ – Die Dreigefährtenlegende 8f.)

Biblische Texte
Gottes Ja zum Menschen (Jes 43,1–7)
Berufung des Samuel (1 Sam 3,1–10)
Jesus und seine Eltern (Lk 2,41–52)
Die ersten Jünger (Joh 1,35–51)
Christus, wahrer Mensch (Phil 2,5–11)

Themen und Impulse
Zu Großem berufen (→ S. 111f.)

Gebete
Glorreicher Gott, dir sagen wir Dank (→ S. 179)
Lobpreis Gottes (→ S. 156)

San Rufino

Rufinus ist der Stadtheilige von Assisi. Ihm zu Ehren wurde diese Kirche gebaut. Im 11. Jahrhundert wurde die Bischöfliche Kathedrale von S. Maria Maggiore hierherverlegt. San Rufino ist die Taufkirche sowohl von Franziskus als auch von Klara.

Franziskus

Franziskus wurde von der eigenen Mutter Johannes genannt, als er durch die Wiedergeburt aus dem Wasser und dem Heiligen Geist aus einem Kind des Zornes zu einem Kind der Gnade wurde.

(FQ – Thomas von Celano, Zweite Lebensbeschreibung des hl. Franziskus 3)

Was hier in einem Satz geschrieben wurde, ist in Wirklichkeit ein langsamer Wandlungsprozess. Nach mehreren existentiellen Brüchen tritt bei Franziskus an die Stelle der lauten Feste die Liebe zur Stille und zum Gebet, an die Stelle der Verschwendungssucht die Solidarität mit den Armen. Sein Vater Pietro Bernardone nimmt Anstoß an diesem neuen Lebensstil. So kommt es zu harten Auseinandersetzungen und schließlich zum Bruch: Pietro Bernardone schleppt seinen Sohn vor das bischöfliche Gericht und verklagt ihn, er habe sein Geld verschwendet. Der Bischof fordert Franziskus auf, das Geld, das er für die Renovation verfallener Kirchen verwenden wollte, an den Vater zurückzugeben.

Freudig und gestärkt durch die Worte des Bischofs erhob sich der Mann Gottes, und während er das Geld vor sich hertrug, äußerte er: „Herr, nicht nur das Geld, das ich von seiner Habe besitze, will ich ihm frohen Herzens zurückgeben, sondern auch die Kleider.“ Und er ging in ein Gemach des Bischofs, zog alle seine Kleider aus, legte das Geld darauf und kam nackt wieder heraus. Vor dem Bischof, dem Vater und allen Umstehenden erklärte er: „Hört alle und versteht! Bis jetzt habe ich den Pietro Bernardone meinen Vater genannt; aber weil ich mir vorgenommen habe, Gott zu dienen, gebe ich ihm das Geld zurück, um dessentwillen er so aufgeregt ist, und alle Kleider, die ich von ihm habe. Von nun an will ich sagen: „Vater unser, der du bist im Himmel, nicht mehr Vater Pietro di Bernardone.“

(FQ – Die Dreigefährtenlegende 20)

Möglicherweise ist der Platz von San Rufino – und nicht der Marktplatz – der Ort der Trennung von seinem Vater.

Klara

Direkt neben San Rufino stand Klaras Elternhaus. Heute ist nur noch die Fassade des adeligen Hauses zu sehen.

Wie wichtig für Klara der Einfluss ihrer Mutter war, geht aus der Biographie des Thomas von Celano hervor:

Ihre Mutter, Hortulana mit Namen, die im Garten der Kirche ein fruchtbringendes Pflänzchen hervorbringen sollte, war selbst außergewöhnlich reich an guten Früchten. So sehr sie der ehelichen Verbindung verpflichtet, so sehr sie von familiären Sorgen in Anspruch genommen war, oblag sie doch nach Kräften dem Dienst Gottes und den Werken der Frömmigkeit. (...) Als nun aber die schwangere Frau, der Niederkunft nahe, vor dem Kreuz in der Kirche den Gekreuzigten inständig bat, er möge sie die Gefahr der Geburt gesund überstehen lassen, vernahm sie eine Stimme, die zu ihr sagte: „Frau, verzage nicht, du wirst wohlbehalten ein Licht zur Welt bringen, das die Welt selbst heller erleuchten wird." Durch diese Verheißung belehrt, ließ sie dem neugeborenen Mädchen bei der Wiedergeburt durch die heilige Taufe den Namen Klara geben, in der Hoffnung, der strahlende Glanz des versprochenen Lichtes müsse sich gemäß dem Wohlgefallen des göttlichen Willens irgendwie erfüllen.

(KQ – Thomas von Celano, Leben der hl. Klara 1,1f./2,3–5)

In den Biographien wird die ausnehmende Schönheit Klaras hervorgehoben. Mit diesem Vorzug und mit der Mitgift einer reichen Familie war sie bei den Männern Assisis begehrt. Klara jedoch lehnte die Heiratspläne ihrer Familie ab. Sie spendete ihr Erbe für die Armen der Stadt.

Sie tat es, um eine andere Bindung einzugehen. Sie wollte Jesus von Nazaret in seinem armen und verborgenen Leben nachfolgen. Die Faszination für ein Leben in Armut nach dem Evangelium hatte Klara schon als junges Mädchen erfasst. Sie suchte die Begegnung mit Franz und er suchte die Begegnung mit ihr. Beiden gemeinsam war die Sehnsucht nach Gott und einem radikalen Leben im Sinn des Evangeliums. Sie suchten nach den wahren Werten des Lebens, die weder in der vornehmen Herkunft noch im gesellschaftlichen Aufstieg liegen konnten.

Er (Franziskus) besuchte sie (Klara) und öfter noch sie ihn. Die Zeit ihrer Besuche richteten sie so ein, dass jene nach Gott strebende Beschäftigung weder von einem Menschen wahrgenommen noch durch öffentliches Gerede beanstandet werden konnte. Nur eine einzige vertraute Gefährtin begleitete das Mädchen, wenn es aus dem väterlichen Haus fortging, um mit dem Mann Gottes heimlich zusammenzukommen, dessen Worte ihr flammend erschienen und dessen Taten übermenschlich.

(KQ – Thomas von Celano, Leben der hl. Klara 5,3f.)

Taufe

Du bist getauft.
Du trägst einen Namen,
bist keine Nummer, kein Es und kein Fall.
Du bist von Anfang an gewollt, einmalig, unverwechselbar.
Bezeichnet mit dem Siegel des Lebens.

Du bist getauft.
Bevor du dich entschieden hast,
hat Gott sich für dich entschieden.
Unwiderruflich, gültig für Zeit und Ewigkeit.

Du bist getauft.
Eingetaucht in das Wasser des Lebens.
Hineingenommen in das Geheimnis Jesu Christi.
In das Mysterium von Tod und Leben.

Du bist getauft.
Dir ist die Kraft des Heiligen Geistes zugesagt.
Der heilige Atem hüllt dich
in die Atmosphäre des Vertrauens.
Und trägt dich durchs Leben mit starken Schwingen.

Du bist getauft.
Nicht allein gehst du deinen Weg.
Das Volk Gottes nimmt dich in seine Mitte.
Und du pilgerst mit der Kirche,
bis diese Erde ihre Vollendung findet
in Christus.

Suchen Sie sich einen ruhigen Ort in der Kirche
San Rufino (oder auf dem Platz davor)
und lesen Sie die entsprechenden Quellentexte
und biographischen Hinweise.

Gehen Sie zum Taufbrunnen in San Rufino
und lesen Sie Röm 6,3–11.

Meditieren Sie Ihre eigene Taufe
und danken Sie Gott dafür.

In einer Gruppe ist eine Feier der Tauferinnerung
und Tauferneuerung denkbar.

Weitere Quellentexte

Geburt und Namensgebung des Franziskus
(FQ – Die Dreigefährtenlegende 2)

Franziskus löst sich von seinem Vater
(FQ – Die Dreigefährtenlegende 19f.)

Klara in ihrem Elternhaus
(KQ – Thomas von Celano, Leben der hl. Klara 3f.)

Biblische Texte
Gottes Geist in uns (Ez 36,24–28)
Das lebendige Wasser (Joh 4,5–14)
Getauft auf Jesu Tod und Auferstehung (Röm 6,3–11)

Themen und Impulse
Gott erfahren (→ S. 103ff.)
Zu Großem berufen (→ S. 111ff.)

Gebete
Glorreicher Gott, dir sagen wir Dank (→ S. 179)
Lobpreis Gottes (→ S. 156)

San Damiano

San Damiano ist für beide, für Franziskus und Klara, und damit für die ganze franziskanische Familie von zentraler Bedeutung.

Franziskus

In San Damiano erfährt der junge Franziskus seine Lebensberufung und bindet sich in besonderer Weise im Gebet an Gott. Vor dem Kreuz von San Damiano hörte er den Gekreuzigten sagen: „Franziskus, geh und bau mein Haus wieder auf." Franziskus nimmt diesen Auftrag ganz wörtlich und baut die Ruine von San Damiano wieder auf. Erst später wird ihm bewusst, dass ihm eine geistig-geistliche Reform der Kirche aufgetragen ist.

Als er einige Tage später an der Kirche S. Damiano vorbeiging, wurde ihm im Geiste gesagt, er solle zum Beten hineingehen. Er betrat die Kirche und begann innig vor einem Bild des Gekreuzigten zu beten, das ihn liebevoll und gütig ansprach, indem es sagte: „Franziskus, siehst du nicht, dass mein Haus in Verfall gerät? Geh also hin und stelle es mir wieder her!" Zitternd und staunend sprach Franziskus: „Gerne, Herr, will ich es tun!" Er meinte nämlich, das Wort beziehe sich auf jene Kirche S. Damiano, die ihres sehr hohen Alters wegen bald einzustürzen drohte.

(FQ – Die Dreigefährtenlegende 13)

In San Damiano dichtete Franz während des Winters 1224/1225, gequält von einer sehr schmerzhaften Krankheit und von einer tiefen Depression, seinen Sonnengesang. Nach der Erfahrung der „dunklen Nacht", die alle wahren Gottsucherinnen und Gottsucher durchleiden müssen, bricht Franziskus zu einer neuen, geläuterten und noch tieferen Gottesliebe durch.

Klara

In San Damiano erfuhr Franz in einer Vision, bevor er seine Brüdergemeinschaft gründete, dass an diesem Ort später ein Frauenkloster entstehen sollte. In ihrem Testament schreibt Klara:

Er stieg nämlich damals auf die Mauer der genannten Kirche und rief einigen Armen, die dort in der Nähe waren, mit lauter Stimme auf Französisch zu: „Kommt und helft mir beim Bau des Klosters von San Damiano; denn hier werden bald Frauen leben, durch deren heiligen Lebenswandel, dessen Ruf sich verbreiten wird, unser himmlischer Vater in seiner ganzen heiligen Kirche verherrlicht werden wird."

(KQ – Das Testament der hl. Klara 12–14)

Im Jahr 1213 findet Klara mit ihren ersten Schwestern Unterkunft in San Damiano. Die „Armen Frauen von San

Damiano“, wie Klara ihre Kommunität nennt, bleiben hier bis zum Tod ihrer Gründerin im Jahre 1253. So atmet dieser Ort bis heute den Geist des klarianischen Ursprungs. Die kleine Kirche, das Kloster, Schlaf- und Speisesaal sind vom Geist des Gebetes und der äußersten Armut geprägt.

Im Übergang vom 12. zum 13. Jahrhundert hatten sich in Europa neue Formen des geistlichen Lebens entwickelt. Unter anderem entstand eine starke religiöse Frauenbewegung. Diese Frauen traten nicht in Klöster ein, sondern blieben in den Städten. Sie wohnten in einfachen Behausungen am Rand der Städte oder blieben sogar in ihren Wohnungen. Neben einem zurückgezogenen Leben erfüllten sie vor allem zwei Aufgaben, die für die soziale Struktur der Städte wichtig waren. Zum einen trugen sie mit ihrer Hände Arbeit zum Gemeinwohl der Städte bei, zum anderen widmeten sie sich der Versorgung der Armen und Kranken. Einige dieser Frauen führten ein eremitisches, andere eher ein aktives Leben. Die beiden Wege der Marta und der Maria wurden als sich ergänzende Vorbilder empfunden und in unterschiedlichen Variationen gelebt. Auch die Frauen in den Einsiedeleien blieben ganz in der Nähe der Stadt und suchten den sozialen Bezug zu ihrer Umgebung.

Schauen wir vor diesem Hintergrund San Damiano an, wie es im Anfang war: ein Kirchlein auf dem Land, dessen Mauerwerk Franziskus persönlich restauriert hatte. Ringsherum entstanden kleine Behausungen aus Lehm, Holz und Stroh, in denen die Schwestern zunächst in Gemeinschaft lebten – ähnlich wie die provisorischen Behausungen der Brüder, die als Wanderprediger viel auf dem Weg waren. Da die Schwestern aber nicht unterwegs waren, sondern die stabilitas lebten, mussten auch ihre Unterkünfte stabiler sein. Neben der Kirche von San Damiano entstand so bald ein festes Gebäude mit Schlafsaal, Krankenabteilung und Refektorium. Die ursprünglichen Hütten dienten nun den Brüdern, die die Schwestern seelsorglich begleiteten oder mit gebettelten Lebensmitteln versorgten.

San Damiano atmet bis heute den Geist des Provisoriums. Es ist der Geist des Volkes Gottes, das unterwegs ist und seine Zelte immer wieder aufbricht, um anderswo neu anzufangen.

Seit 1224 ist Klara ständig krank und mehr oder weniger an das Bett gefesselt. Im Jahr 1247 verschlimmert sich ihr Gesundheitszustand durch einen Unfall: Eine schwere Türe des Klosters ging aus den Angeln und fiel auf Klara. Eine Schwester war dabei, konnte Klara aber nicht helfen. Man holte Brüder, die gerade in der Nähe von San Damiano waren. Zu dritt hoben sie die Türe hoch und befreiten Klara.

Von 1250 an ist Klara schwerkrank. Die Schwestern rechnen mit dem baldigen Tod. Umso erstaunlicher ist es, dass sie in dieser Zeit sowohl ihre Regel als auch ihr Testament schreibt. Letzteres ist das gewiss innigste Zeugnis ihres geistlichen Weges. Am 8. September 1252 erhält Klara Besuch von Kardinal Rainald, der seit 1248 Kardinalprotektor der Schwestern ist. Sie zeigt ihm die von ihr verfasste Regel, nach der die Schwestern in San Damiano auch leben. Wenige Tage später approbiert der Kardinal die Regel Klaras in einem Brief. Auf die päpstliche Besiegelung muss sie allerdings bis kurz vor ihrem Tod warten.

Chiara

Nicht zu denken ist San Damiano ohne Chiara.
Ihr Abenteuer ist noch spannender als das von Francesco.
Kein Schauplatz. Kein Applaus.
Was Francesco auf der Bühne der Geschichte spielt,
das lebt Chiara in verwundbarer Stille.

Dies ist die wirkliche Dramatik des Lebens.
Das Evangelium pur. Warten und Schweigen.
Wind und Wetter ausgesetzt sind Leib und Seele.
Dem Leben ins Angesicht schauen.
Barfuß auf nacktem Boden gehen.
Das Herz entblößen, dass es aufgeht in Gott.

Mit Chiara erst vollendet sich das Kirchbau-Spiel.
„Baue meine Kirche auf. Siehst du nicht, wie sie zerfällt?"
Francesco macht die Grobarbeit,
stampft das Fundament in den Boden,
setzt Stein auf Stein, zieht Mauern und
gibt der Kirche ihr Dach.

Chiara macht die Feinarbeit.
Es wird licht und weit in den Räumen.
Es duftet nach Leben.
Die Distanz zur Welt ist weder Flucht noch Angst.
Hier ist der Raum, um das Feuer anzuzünden.
Wohl denen, die sich daran wärmen.

Die Seele des Gebetes

Am großen Lesepult im Chorgestühl der Kirche von San Damiano findet sich folgende Inschrift:

Non vox, sed votum,
non clamor, sed amor,
non cordula, sed cor
psallit in ore deo.
Lingua consonet menti,
mens concordet cum deo.

Nicht die Stimme, sondern die Hingabe,
nicht die Lautstärke, sondern die Liebe,
nicht die Saite, sondern das Herz
singt in Gottes Ohr.
Es klinge zusammen die Zunge mit dem Geist,
es werde eins der Geist mit Gott.

Die Inschrift erinnert an den Text aus dem „Brief an alle Brüder oder den gesamten Orden“, in dem Franziskus seine Brüder mahnt, *(...) dass sie das Stundengebet mit Andacht vor Gott verrichten, wobei sie nicht auf den Wohlklang der Stimme, sondern auf den Gleichklang des Geistes achten sollen, auf dass die Stimme mit dem Geist gleichklinge, der Geist aber mit Gott. So können sie Gott durch die Reinheit des Herzens gefallen, statt mit ihrer Überschwänglichkeit der Stimme den Ohren des Volkes zu schmeicheln.*

(FQ – Der Brief an alle Brüder oder den gesamten Orden, Kap. 6,41–42)

Anregungen, Fragestellungen und Impulse

Suchen Sie einen stillen Platz in oder um San Damiano. Meditieren Sie das byzantinische Kreuz und sammeln Sie Ihre Eindrücke.

Alternative: Im Umkreis von San Damiano gibt es schöne Wege und Plätze für einen Emmaus-Gang zu zweit oder für ein Gruppengespräch.

Welche „Atmosphäre" von Kirche vermittelt dieser Ort?

Warum hat Franziskus wohl gerade hier den Auftrag erhalten, die Kirche aufzubauen?

Was bedeutet dieser Auftrag für uns heute?

Weitere Quellentexte

Der Gekreuzigte spricht zu Franziskus
(FQ – Die Dreigefährtenlegende 13)

Franziskus in San Damiano
(FQ – Die Dreigefährtenlegende 16)

Franziskus sammelt Steine für den Aufbau der Kirche
(FQ – Die Dreigefährtenlegende 21)

Klara kommt nach San Damiano
(KQ – Thomas von Celano, Leben der hl. Klara 10)

Leben der Schwestern in San Damiano
(KQ – Thomas von Celano, Leben der hl. Klara 36)

Klaras Krankheit

(KQ – Thomas von Celano, Leben der hl. Klara 39)

Klara stirbt

(KQ – Thomas von Celano, Leben der hl. Klara von Assisi 44f.)

Biblische Texte

Schätze im Himmel (Mt 6,19–21)

Die Botschaft des Kreuzes (1 Kor 1,18–31)

Leben in Christus (Phil 4,4–9)

Lebendige Steine (1 Petr 2,4–10)

Themen und Impulse

Kirche bauen (→ S. 133ff.)

Beten mit Klara (→ S. 152)

Der Kontemplationsweg Klaras (→ S. 158)

Gebete

Höchster, glorreicher Gott (→ S. 169)

Höchster, allmächtiger, guter Herr – Sonnengesang (→ S. 173)

Klara-Gebete (→ S. 177ff.)

Santa Chiara

Im Jahre 1257 – vier Jahre nach dem Tod Klaras – wird die Kirche Santa Chiara gebaut. Zuvor standen hier Kirche und Schule von San Giorgio. Hier hat Franz lesen gelernt. Nach seinem Tod im Jahr 1226 wurde er zunächst hier begraben, bis sein Leichnam 1230 nach San Francesco überführt wurde. Auch Klaras Leib war zunächst in San Giorgio begraben.

In der Krypta von Santa Chiara finden wir in einem Glassarg Klaras Leichnam. Er wurde 1850, nachdem er jahrhundertelang als verschüttet galt, unverwest wieder aufgefunden.

In der Seitenkapelle von Santa Chiara hängt das ursprüngliche San-Damiano-Kreuz. Franziskus hörte im Jahr 1205 den Gekreuzigten sprechen: „Baue meine Kirche auf! Siehst du nicht, wie sie zerfällt?"

Im rechten Querschiff befindet sich ein Tafelbild der heiligen Klara mit acht Szenen aus ihrem Leben.

Klara

Kein Wunder, denn eine Lampe, so brennend, so leuchtend, konnte nicht verborgen bleiben, ohne hell zu strahlen und klares Licht im Hause des Herrn zu spenden. Auch konnte ein Gefäß mit solchen Spezereien nicht verborgen bleiben, ohne zu duften und die Wohnung des Herrn mit süßem Wohlgeruch zu erfüllen. Ja vielmehr, während sie in der engen Klause der Einsamkeit das Alabastergefäß ihres Leibes unerbittlich zerbrach, wurde das ganze hehre Haus der Kirche mit dem Duft ihrer Heiligkeit vollständig erfüllt.

(KQ – Alexander IV. „Clara, claris, praeclara“ – die Heiligsprechungsbulle)

Im Jahr 1253 ist Papst Innozenz IV. zweimal zu Besuch bei Klara. Das unterstreicht das Ansehen und die geistliche Autorität, die sie schon zu Lebzeiten innerhalb der Kirche besaß – und das bei all der kritischen Auseinandersetzung, die sie riskierte. Am 9. August 1253, also zwei Tage vor ihrem Tod, bittet Klara den Papst, die Regel, die Kardinal Rainald ein Jahr zuvor approbiert hatte, mit päpstlicher Autorität zu besiegeln. Dieser veranlasst alles in großer Eile. Das Anerkennungsschreiben ist auf den 9. August datiert, am 10. August wird es Klara überbracht. Glücklich hält Klara das Schreiben in der Hand und küsst es. Sie versammelt ihre Schwestern um das Sterbebett und weist sie eindrücklich auf das „Privileg der Armut“ hin. Sie verabschiedet sich von ihren Schwestern und feiert ihr Sterben. Am 11. August gibt sie mit den Worten „Herr, sei gelobt, weil du mich erschaffen hast“ Gott ihr Leben zurück.

Ungewöhnliche Dinge geschehen nach ihrem Sterben. Die Stadtverwaltung schickt Soldaten nach San Damiano, die verhindern sollen, dass der Leichnam Klaras von fremden Leuten entführt wird.

Am Tag des Begräbnisses ziehen der Papst und die Kardinäle, die gerade in Assisi weilen, nach San Damiano hinunter, um am Totenoffizium teilzunehmen. Der Papst will in einer spontanen Reaktion die Liturgie unterbrechen und statt der Totenmesse das Offizium von den heiligen Jungfrauen anordnen. Das wäre die offizielle Heiligsprechung gewesen. Aber Kardinal Rainald hält den Papst von seinem Vorhaben zurück.

Nach der Messe wird der Leichnam Klaras nach Assisi gebracht und dort in der Kirche San Giorgio beigesetzt. Kurze Zeit später errichtet man an dieser Stelle die heutige Basilika Santa Chiara.

Klara – Züge ihres Wesens

Eigenständigkeit

Klara sucht in der Kirche einen eigenen fraulichen Weg, der den Geist der Geschwisterlichkeit atmet. Zwar nennt sie Franziskus ihren Vater und sich selbst seine Pflanze. Zu Beginn lässt sie sich von ihm ihren Weg zeigen, dann aber entwickelt sie eine große Eigenständigkeit. Sie findet nicht nur eine frauliche Variante franziskanischen Lebens, sondern geht ihren eigenen klarianischen Weg. Dieser wird auch für Franziskus bedeutsam. Klara wird ihn von ihrer Wahrnehmung und geistlichen Prägung her immer wieder korrigieren und begleiten. In ihrer Regel geht es ihr nicht zuletzt um die Einheit der Berufung von Schwestern und Brüdern.

Kontemplativ in der Welt

Klara gründet zweifellos eine kontemplative Gemeinschaft. Das Neue ist, dass diese nicht mehr abgeschlossen klösterlich lebt. Nicht mehr in einer Klausur, die die kontemplativen Frauen von der Welt abschneidet. Klara sieht das Leben im Kloster in lebendiger Kommunikation zur Welt. Das bedeutet zum einen, dass sie an die kontemplative Berufung eines jeden Christen glaubt. Zum anderen will Klara Menschen und Welt in den Raum der klösterlichen Kontemplation mit einbeziehen. Sie und ihre Schwestern nehmen teil an den Freuden und Sorgen der Stadt und sie setzen ihre Arbeitskraft für das Wohl der Menschen ein.

Radikale Armut

Das Zentrum ihrer eigenen Spiritualität ist und bleibt die radikale Armut. Dabei geht es nicht darum, den Grad des Verzichtes bis zu einem Maximum zu steigern. Es geht Klara um ein ganz neues Konzept von Armut. War Armut im bisherigen Verständnis der Orden wesentlich Gütergemeinschaft, so geht es ihr darum, als Gemeinschaft ohne materielle Sicherheit zu leben und so den Weg des radikalen Vertrauens zu gehen. Das Vertrauen, dass Gott das „Brot für den heutigen Tag“ gibt, wie wir im Vaterunser beten, lässt Menschen auch im Vertrauen zueinander wachsen und wird zum Grund eines neuen sozialen Verhaltens.

Kritische Solidarität

Klara geht ihren eigenen Weg, aber sie geht ihn im Hören auf die und in kritischer Solidarität zur Kirche. Sie lässt sich auch auf die ihr vorgeschriebenen Regeln ein, traut aber ihrer innersten Intuition und glaubt daran, dass der Geist Gottes sie und ihre Gemeinschaft in einem langen Prozess zum Ziel führt. Erstaunlich ist, dass Klara trotz Protests und Widerstands auch in kirchlichen Kreisen ein so hohes Ansehen genoss. Nie wurde die Lauterkeit ihrer Person und ihrer Ziele in Frage gestellt.

Askese mit Charme

Viele Züge an Klaras Persönlichkeit sind uns fremd: strenges Fasten, Bußübungen, mangelnder Schlaf. Als Kind ihrer Zeit glaubte auch sie, Gott ihre Liebe im größtmöglichen Verzicht und unter körperlichen Schmerzen zeigen zu müssen. Im Wesen aber hat Klara nichts vom Zerrbild einer freudlosen, abgehärmten Heiligen. Sie liebt die Schöpfung genauso wie ihr Bruder Franz, sie verbietet ihren Schwestern übertriebene Bußübungen, sie hat eine Beziehung zu allem Schönen, sie genießt es, mit der Sprache umzugehen. Und vor allem entwickelt sie im Umgang mit ihren Schwestern eine Zärtlichkeit, die San Damiano zu einem Ort der Geborgenheit und Gemeinschaft macht.

Der Spiegel bei Klara

Immer wieder taucht in den Schriften der heiligen Klara das Motiv des Spiegels auf. Jesus ist für sie *„der helle Glanz des ewigen Lichtes"* und *„ein Spiegel ohne Makel"*. Im vierten Brief an Agnes von Prag lädt sie diese ein, täglich in diesen Spiegel zu schauen, um sich selbst erkennen und für ihn schmücken zu können. In ihrem Testament führt sie das Motiv des Spiegels weiter. Die Berufung ihrer Schwestern und aller Christen ist es, Spiegel und Beispiel füreinander und für alle Menschen zu sein.

Anregungen, Fragestellungen und Impulse

Verweilen Sie eine gute Zeit vor dem Kreuz von San Damiano, das im Original im Seitenschiff von Santa Chiara hängt. Richten Sie Ihren Blick auf die Augen und lassen Sie sich anschauen.

Betrachten Sie den Crucifixus, der weniger den leidenden als vielmehr den auferstandenen Christus darstellt. Vielleicht möchten Sie hier das Gebet, das Franziskus vor diesem Kreuz sprach, meditieren (→ S. 169).

Schauen Sie in einen Spiegel. Er reflektiert Licht. Sie können sich darin sehen, weil Sie ebenfalls Licht reflektieren. Der Spiegel ist nicht selbst das Licht. Der Spiegel ist auch nicht Ihr Gesicht. Er gibt nur zurück, was er aufnimmt.

Betrachten Sie sich selbst als Spiegel. Was nehmen Sie auf? Was reflektieren Sie? Was geben Sie zurück?

Meditieren Sie den Satz aus dem Glaubensbekenntnis: „Licht vom Licht, wahrer Gott vom wahren Gott, gezeugt, nicht geschaffen, eines Wesens mit dem Vater."

Weitere Quellentexte

FQ – Mahnlied für Klara und ihre Schwestern

Klaras Krankheit
(KQ – Thomas von Celano, Leben der hl. Klara 39)

Klaras Sterben
(KQ – Thomas von Celano, Leben der hl. Klara 44–46)

Klaras Begräbnis
(KQ – Thomas von Celano, Leben der hl. Klara 47f.)

Biblische Texte
Freund und Freundin (Hld 2,1–12)
Sehnsucht nach dem Geliebten (Hld 3,1–5)
Gottes Zusage an sein Volk (Jes 54,1–8)
Gottes Lockruf (Hos 2,16–20)
Der Schatz in zerbrechlichen Gefäßen (2 Kor 4,7–15)

Themen und Impulse
Beten mit Klara (→ S. 152)
Der Kontemplationsweg Klaras (→ S. 158)

Gebete
Klara-Gebete (→ S. 177ff.)
Klara-Segen (→ S. 210)

San Francesco

Am Tag nach seinem Tod wurde Franziskus in der Kirche San Giorgio beigesetzt. Zwei Jahre später wurde er heiliggesprochen. Papst Gregor IX., der frühere Kardinal Hugolin und Freund von Franziskus, will ihm ein monumentales Denkmal setzen. Er beauftragt Bruder Elias mit der Planung und dem Bau der Basilika San Francesco. Schon 1230 war die Unterkirche fertig, der Leichnam von Franziskus wurde im selben Jahr nach San Francesco überführt. 1236 war auch der Bau der Oberkirche abgeschlossen.

Westlich von der Kirche wurde das Kloster Sacro Convento auf mächtigen Pfeilerarkaden errichtet.

So sind Kirche und Konvent von San Francesco eindrucksvolle Baudenkmäler. Ihre Architektur ist vollendet. Die Fresken von Giotto und Cimabue sind großartig und lassen das Franziskusleben aufleuchten. – Ob diese Denkmäler auch den Geist des Franziskus atmen und seiner Botschaft entsprechen, darf angefragt werden.

Ein von Cimabue gemaltes Porträt finden wir im westlichen Querschiff der Unterkirche. Der Maler hat sich an die Beschreibung des Franziskus-Biographen Thomas von Celano gehalten:

Er war ein außerordentlich redegewandter Mann mit fröhlichem Antlitz und gütigem Gesichtsausdruck, frei von Feigheit, ohne jede Überheblichkeit. Von nicht gerade großer Gestalt, eher klein als groß, hatte er einen nicht sonderlich großen, runden Kopf, ein etwas längliches und gedehntes Gesicht, eine ebene und niedrige Stirne, nicht sonderlich große, schwarze, unverdorbene Augen, dunkles Haar, gerade Augenbrauen, eine gleichmäßige, feine und gerade Nase, aufwärts gerichtete, aber kleine Ohren, flache Schläfen, eine gewinnende, feurige und scharfe Sprache, eine mächtige, liebliche, klare und wohlklingende Stimme, dichte, gleichmäßige und weiße Zähne, schmale und zarte Lippen, einen schwarzen, nicht vollen Bart, einen schlanken Hals, gerade Schultern, kurze Arme, zarte Hände, lange Finger, etwas vorstehende Nägel, dünne Beine, sehr kleine Füße, eine zarte Haut, war sehr mager, trug ein raues Gewand, gönnte sich nur sehr kurzen Schlaf, besaß eine überaus freigebige Hand. – Und weil er der Demütigste war, erwies er allen Menschen jegliche Sanftmut und glich sich in passender Weise dem Charakter aller an. Unter Heiligen noch heiliger, unter Sündern wie einer von ihnen.

(FQ – Thomas von Celano, Erste Lebensbeschreibung des hl. Franziskus 83)

Anregungen, Fragestellungen und Impulse

Es lohnt sich, mit genügend Zeit die Fresken in der Oberkirche von San Francesco zu meditieren. Den Malern ist es gelungen, die Parallelen zwischen dem Ersten Testament, dem Neuen Testament und dem Franziskusleben bildhaft darzustellen.

Nehmen Sie dafür eine kompetente Führung in Anspruch oder ein Buch, in dem die Fresken in ihrer spirituellen Bedeutung beschrieben sind.

In der Krypta von San Francesco steht der einfache Steinsarg mit den Gebeinen des Heiligen.

Verweilen Sie hier eine viertel Stunde in Stille. Lassen Sie in Ihrem Herzen Franziskus lebendig werden. Sehen Sie seine Gestalt, hören Sie seine Stimme.

Was sagt er Ihnen ganz persönlich?

Mit welchem Wort tröstet und ermutigt er Sie?

Was möchten Sie ihm und durch ihn Christus anvertrauen?

Weitere Quellentexte

Heiligsprechung des Franziskus
(FQ – Die Dreigefährtenlegende 71)

San Francesco wird gebaut
(FQ – Die Dreigefährtenlegende 72)

Quellentexte zu den Fresken in der Oberkirche
von San Francesco finden sich unter anderem in:
P. Theophile Desbonnets,
Assisi. Auf den Spuren des heiligen Franziskus,
CH-Schwyz

Biblische Texte
Den Klugen verborgen, den Unmündigen offenbar
(Mt 11,25–30)
Das leere Grab (Joh 20,1–10)
Leben im Geist (Röm 8,10–11)
Loblied auf Christus, das Ebenbild Gottes (Kol 1,12–20)

Themen und Impulse
Beten mit Franziskus (→ S. 149)

Gebete
Franziskus-Gebete (→ S. 169ff.)

Portiuncula

„Das ist der Ort, an dem der heilige Franziskus auf Geheiß einer Gottesoffenbarung den Orden der Minderbrüder ins Leben rief!" (Bonaventura).

Hier erkennt Franziskus klar, was Gott in seinem Leben von ihm will. Das Evangelium wird für ihn zur Lebensform und zum Auftrag.

So wurde dieser Ort zum Mittelpunkt der jungen Bruderschaft. Hier fanden sich die Brüder zu den jährlichen Pfingstkapiteln zusammen (auch Mattenkapitel genannt, weil Tausende von Brüdern auf Stroh- und Reisigmatten nächtigten). Hier vergewisserten sie sich ihrer Berufung und von hier aus wurden sie von neuem zum evangelischen Leben unter den Menschen ausgesandt.

1212 schloss sich in Portiuncula Klara der Lebensweise des Armen von Assisi an.

Am 3. Oktober 1226 starb Franziskus in Portiuncula – arm und nackt, wie er geboren wurde.

In Portiuncula entstand das Modell franziskanisch-geschwisterlicher Gemeinschaft:

Je größer ihre Sehnsucht zusammenzukommen, desto größer war ihre Freude zusammenzusein, schwer dagegen auf beiden Seiten die Trennung, bitter das Scheiden, hart das Geschiedensein.

(FQ – Thomas von Celano, Erste Lebensbeschreibung des hl. Franziskus 39)

Franziskus

Eines Tages aber wurde in eben dieser Kirche das Evangelium, wie der Herr seine Jünger zum Predigen aussandte, verlesen, und der Heilige Gottes war zugegen. Wie er die Worte des Evangeliums vernommen hatte, bat er gleich nach Beendigung der Messfeier inständig den Priester, ihm das Evangelium auszulegen. – Dieser erklärte ihm alles der Reihe nach. Als der heilige Franziskus hörte, dass die Jünger Christi nicht Gold oder Silber oder Geld besitzen, weder Beutel noch Reisetasche noch Brot noch einen Stab auf den Weg mitnehmen, weder Schuhe noch zwei Röcke tragen dürfen, sondern nur das Reich Gottes und Buße predigen sollen, frohlockte er sogleich im Geiste Gottes und sprach: „Das ist's, was ich will, das ist's, was ich suche, das verlange ich aus innerstem Herzen zu tun." (...) Alsogleich löst er die Schuhe von den Füßen, legt den Stab aus der Hand und, zufrieden mit einem einzigen Rock, vertauscht er den Ledergürtel mit einem Strick.

(FQ – Thomas von Celano, Erste Lebensbeschreibung des hl. Franziskus 22)

Die Männer dieses Ordens kommen mit großem Gewinn einmal im Jahr an einem vorher festgelegten Ort zusammen, um sich gemeinsam im Herrn zu freuen und miteinander zu essen. Und mit dem Rat guter Männer machen sie sich heilige und vom Herrn Papst bestätigte Verfügungen zu eigen und verkünden sie. Danach verteilen sie sich für das ganze Jahr auf die Lombardei, die Toscana, Apulien und Sizilien.

(FQ – Jakob von Vitry, Brief aus Genua 11)

Klara

Sie verließ also Haus, Stadt und Verwandte und eilte nach Santa Maria von Portiunkula. Dort empfingen die Brüder, die im Gotteshaus heilige Nachtwache hielten, die Jungfrau Klara mit brennenden Lichtern. (...) Dort legte sie durch die Hand der Brüder ihr Haupthaar ab und ließ den mannigfaltigen Schmuck zurück. (...) Als Klara vor dem Altar der seligen Maria die Abzeichen heiliger Buße empfangen und gleichsam vor dem Brautgemach dieser Jungfrau sich als demütige Magd Christus vermählt hatte, führte sie der heilige Franziskus sofort zur Kirche San Paolo, wo sie bleiben sollte, bis der Höchste für anderes sorgen würde.

(KQ – Thomas von Celano, Leben der hl. Klara 8,1.2.5)

Die Verwandten entdeckten, dass Klara geflohen war. Ja sie fanden sogar den Ort heraus, wo Klara sich aufhielt. Sie waren entsetzt und tief beleidigt. Weniger die Tatsache, dass Klara sie verlassen hatte, ärgerte sie, vielmehr sahen sie sich in ihrer Hoffnung enttäuscht, durch die Verheiratung Klaras den Familienbesitz mehren zu können. Bald stand der Entschluss fest, sie mit Gewalt zurückzuholen. So eilten sie nach San Paolo in Bastia und trafen Klara dort an. Sie versuchten zunächst, sie mit großen Versprechungen und mit gutgemeinten Ratschlägen zur Umkehr zu bewegen. Als das Reden nichts half, versuchten sie es mit Gewalt. Klara sprang auf und flüchtete sich zum Altar der Kirche. Nach altem Recht darf niemand von dort weggeholt werden. Um deutlich zu machen, wie entschieden sie war, enthüllte Klara ihren geschorenen Kopf. Für alle war ersichtlich, dass sie als erwachsene Frau ihre Entscheidung getroffen hatte. Die Verwandten waren von so viel Courage und Entschlossenheit schockiert und zogen unverrichteter Dinge ab.

Welche Rolle bei der Flucht Klaras und ihrer Verfolgung durch die Verwandten die Mutter und die Schwestern Klaras spielten, ist in den Zeugnissen nicht dokumentiert. Die Biographen berichten aber, dass sich diese später bekehrt haben und in das Kloster der Armen Schwestern von San Damiano eingetreten sind.

Das Sterben des Franziskus

Franziskus spürte, dass sein Tod nahe war. Da bat er, man möge ihn nach Santa Maria zu Portiuncula tragen. Dort, wo er angefangen hatte, wollte er auch den Atem seines Lebens dem Schöpfer zurückgeben. Dort angekommen, ließ er sich ganz entblößt auf den nackten Boden legen. Er wollte ganz frei sein, unbeschwert und ohne an irgendetwas in dieser Welt gebunden zu sein. Seines ärmlichen Gewandes entkleidet, lag er auf dem Boden. Da ließ er alle Brüder, die in der Nähe waren, zu sich rufen und tröstete sie. Er ermunterte sie, Gott zu loben und zu lieben. Schließlich streckte er seine rechte Hand aus, legte sie jedem auf den Kopf und segnete sie alle. „Lebt wohl", sagte er, „ich weiß, dass ihr bedrängt und versucht werdet. Glückselig, wenn ihr die Berufung des Anfangs bewahrt." Dann sagte er: „Was ich tun konnte, das habe ich getan; möge nun Christus euch lehren, was ihr tun sollt." Und er segnete in den anwesenden auch die abwesenden Brüder und auch all jene, die in den kommenden Zeiten zur Bruderschaft gehören werden.

Als die Brüder weinten, ließ sich Franziskus Brot bringen. Er segnete es, brach es und gab jedem ein Stück zu essen. Dann ließ er sich das Evangelienbuch bringen und bat, man möge ihm das Evangelium nach Johannes vorlesen von der Stelle an, wo es heißt: „Sechs Tage vor Ostern, da Jesus wusste, dass für ihn die Stunde gekommen sei, aus dieser Welt hinüber zum Vater zu gehen (...)." Die wenigen Tage, die ihm bis zu seinem Tod blieben, nutzte er zum Lob Gottes und forderte auch seine Gefährten auf, mit ihm Christus zu loben. Selbst den Tod, der doch allen verhasst ist, forderte er auf, Gott zu loben. Zu seinem Arzt sagte Franziskus: „Hab Mut, Bruder Arzt, sag es mir nur, dass der Tod sehr nahe ist; für mich wird er die Türe zum Leben sein!" Den Brüdern aber sagte er: „Wenn ihr seht, dass es mit mir zu Ende geht, so legt mich nackt, wie ihr mich vorgestern gesehen habt, auf den Boden und lasst mich, wenn ich verstorben bin, so lange liegen, wie man braucht, um gemächlich eine Meile weit zu gehen." So kam seine Stunde und weil sich die Geheimnisse Jesu Christi an ihm erfüllt hatten, ging er glücklich zu Gott.

(Freie Übertragung nach Thomas von Celano,
Zweite Lebensbeschreibung des hl. Franziskus 216f.)

Weitere Quellentexte

Leben nach dem Evangelium
(FQ – Thomas von Celano, Erste Lebensbeschreibung des hl. Franziskus 21/22)

Das Mattenkapitel
(FQ – Die Blümlein des hl. Franziskus 18)

Das Sterben des Franziskus
(FQ – Thomas von Celano, Zweite Lebensbeschreibung des hl. Franziskus 214–217)

Klara wird in den Orden aufgenommen
(KQ – Thomas von Celano, Leben der hl. Klara 7f.)

Biblische Texte

Aussendung der Jünger (Mt 10,5–15)
Freundschaft mit Jesus (Joh 15,9–17)
Die Passion Jesu (Joh 18f.)
Die verschiedenen Geistesgaben (1 Kor 12,1–11)
Leben in Gemeinschaft (Kol 3,14–17)

Themen und Impulse

Beziehung gestalten (→ S. 123ff.)
Evangelium leben (→ S. 141ff.)

Gebete

Herr, Jesus Christus, ich bitte dich (→ S. 180)
Sei gegrüßt, Herrin (→ S. 175)

Carceri

Carceri – Ort der Stille, aus der Gott spricht. Thomas von Celano sagt: „Franziskus wählte häufig einsame Orte, um seinen Sinn ganz auf Gott richten zu können." Hier waren ein paar kleine Kapellen, in den Felsen gehauene Grotten und einfache Unterschlupfe, die sich die ersten Brüder zurechtgemacht hatten. Franziskus zog sich hierher nach seinen Wanderungen und Predigtreisen zurück. Das heutige Kloster ließ Bernardin von Siena im 15. Jahrhundert in franziskanischer Einfachheit bauen.

Franziskus

Kurze Zeit nach seiner Bekehrung, als der demütige Knecht Christi, der heilige Franziskus, bereits viele Gefährten um sich versammelt und in den Orden aufgenommen hatte, geriet er in schwere Bedenken und große Zweifel darüber, was er zu tun hätte: ob er sich allein aufs Beten verlegen oder zuweilen auch predigen sollte. Er wünschte sich deshalb sehr, darüber den Willen Gottes zu erfahren. Da aber die Demut, die in ihm war, ihm nicht gestattete, dies selbst oder aufgrund seiner eigenen Gebete zu entscheiden, dachte er, den Willen Gottes durch andere zu erforschen. Daher rief er

Bruder Massäus zu sich und sagte: Geh zu Schwester Klara und sag ihr in meinem Namen, sie möge zusammen mit einigen ihrer in geistlichen Dingen erfahrensten Gefährtinnen Gott voll Hingabe bitten, mir nach seinem Wohlgefallen zu zeigen, was besser sei: ob ich mich der Predigt widmen soll oder allein dem Gebet. Dann geh zu Bruder Silvester und sag ihm das Gleiche. (...) Bruder Massäus ging nun hin und überbrachte gemäß dem Auftrag des heiligen Franziskus die Botschaft zuerst an die heilige Klara, dann an Bruder Silvester. Sobald dieser die Botschaft empfangen hatte, begab er sich sofort ins Gebet und erhielt während des Betens die Antwort Gottes. Er kehrte zu Bruder Massäus zurück und sagte: „Gott sagt, du sollst dem Bruder Franziskus ausrichten, Gott habe ihn nicht für sich allein in diesen Stand berufen, sondern damit er Frucht an Seelen bringe und viele durch ihn gerettet werden." Als Bruder Massäus diese Antwort erhalten hatte, kehrte er zur heiligen Klara zurück, um zu erfahren, was sie von Gott erlangt habe. Sie antwortete, sie und die anderen Gefährtinnen hätten von Gott dieselbe Antwort erhalten wie Bruder Silvester. Mit diesem Bescheid kehrte Bruder Massäus zum heiligen Franziskus zurück. Der heilige Franziskus empfing ihn mit überaus großer Liebe, wusch ihm die Füße und richtete ihm das Essen. Nach dem Essen rief er Bruder Massäus in den Wald (...) und fragte: „Was befiehlt mir mein Herr Jesus Christus zu tun?" Bruder Massäus erwiderte, Christus habe Bruder Silvester und Schwester Klara und deren Schwestern folgendes geantwortet und geoffenbart: „Es ist sein Wille, dass du durch die Welt ziehst, um zu predigen, denn er hat dich nicht für dich allein erwählt, sondern auch um des Heiles der anderen willen." Als der heilige Franziskus diese Antwort vernommen und in ihr den Willen Gottes erkannt hatte, erhob er sich glühend vor Eifer und sagte: „Dann wollen wir im Namen Gottes gehen."

(FQ – Die Blümlein des hl. Franziskus, Kap. 16,1–13)

Wo Liebe ist und Weisheit,
da ist nicht Furcht noch Unwissenheit.
Wo Geduld ist und Demut, da ist nicht Zorn noch Verwirrung.
Wo Armut ist mit Fröhlichkeit,
da ist nicht Habsucht noch Geiz.
Wo Ruhe ist und Betrachtung,
da ist nicht Aufregung noch unsteter Geist.
Wo die Furcht des Herrn ist,
sein Haus zu bewachen (vgl. Lk 11,21),
da kann der Feind keinen Ort zum Eindringen finden.
Wo Erbarmen ist und Besonnenheit,
da ist nicht Übermaß noch Verhärtung.

(FQ – Ermahnungen, Kap. 27)

Gott finden

Vor dem Betreten des Allerheiligsten
musst du die Schuhe ausziehen,
aber nicht nur die Schuhe, sondern alles,
Reisekleid und Gepäck,
und darunter die Nacktheit und alles,
was unter der Nacktheit ist,
und alles, was sich unter dieser verbirgt,
und dann den Kern und den Kern des Kerns,
dann das übrige und dann den Rest
und dann noch den Schein des unvergänglichen Feuers.
Erst das Feuer selbst wird vom Allerheiligsten aufgesogen
und lässt sich von ihm aufsaugen,
keines von beiden kann dem widerstehen.

(Franz Kafka)

Regel für eine geistliche Auszeit

Wenn Brüder für die geistliche Erneuerung eine Auszeit brauchen und sich in eine Einsiedelei zurückziehen wollen, dann sollen sich drei oder vier zusammentun.

Zwei von ihnen sollen wie Mütter für den dritten beziehungsweise vierten sorgen.

Diese „Mütter" sollen Verantwortung tragen für den äußeren Rahmen, für den Ort und die Zeit, für den Lebensrhythmus und das Essen. Um in der Sprache des Evangeliums zu sprechen: sie sind mit Marta zu vergleichen, die für Jesus sorgt, während die anderen Brüder mit Maria zu vergleichen sind, die sich ganz darauf konzentriert, Jesus zuzuhören.

Es soll ein ruhiger und abgeschiedener Ort sein, wo sie leben, und jeder der Brüder, die eine geistliche Auszeit nehmen, soll einen eigenen Raum für sich haben, wo er beten und schlafen kann. Dort soll er sich ganz in das Schweigen zurückziehen können. Die Brüder in geistlicher Auszeit sollen dem Tag durch feste Gebetszeiten einen klaren Rhythmus geben. Am Abend, wenn die Sonne untergegangen ist, sollen sie auf den Tag zurückschauen und Gott danken. Und wenn sie die Nacht durch eine Gebetszeit unterbrechen, dann soll ihnen das Ziel ihres Lebens vor Augen stehen: nämlich dass sie zuerst das Reich Gottes suchen und seine Gerechtigkeit.

Am Morgen mögen sie den Tag wieder mit dem Lob Gottes beginnen. Und danach können sie das Schweigen brechen, um mit den Brüdern, die wie Mütter für sie sorgen, ein geistliches Gespräch zu führen. Sie sollen aber keine gescheite Diskussion halten, sondern wie einfache

Leute miteinander sprechen und das, was ihnen gesagt wird, als Zeichen Gottes annehmen.

Die Brüder, die die Rolle der Mütter einnehmen, sollen vor allem dafür sorgen, dass die Brüder in der geistlichen Auszeit von niemandem und nichts abgelenkt werden.

Sie selbst sollen in dieser Zeit ebenfalls Ablenkungen und Kontakte nach außen meiden. Die einzige Ausnahme gilt für jenen Bruder, der für die ganze Gemeinschaft verantwortlich ist. Er kann kommen, wenn er es für gut hält, und seine Brüder mit Gottes Segen besuchen.

Es ist gut, wenn sich die Brüder hin und wieder abwechseln, so, dass nach einer gewissen Zeit die „Mütter" zu „Söhnen" werden und umgekehrt. Aber sie sollen in jedem Fall die innere Struktur ihrer Auszeit sorgfältig bewahren.

(Freie Übertragung nach FQ – Regel für Einsiedeleien)

Franziskus empfiehlt, in regelmäßigen Abständen, in die Einsiedelei zu gehen. Die Regel für die Einsiedeleien ist eine Leitlinie für franziskanische Exerzitien und für ein kontemplatives Leben mitten in der Welt.

Sie können hier in Carceri oder auch an anderen Orten und zu anderen Zeiten diesen franziskanisch-kontemplativen Übungsweg in drei Schritten gehen.

Erster Schritt:

Ich bereite mich für die Begegnung mit Gott

Ich ziehe mich in die Stille zurück und suche einen geschützten Raum für mein Gebet. Ich nehme meinen Atem wahr und komme so in die Gegenwart und nehme bewusst Abschied von dem, was mich belagert und besetzt.

Zweiter Schritt:

Ich breite meine ganze Wirklichkeit vor Gott aus

Ich versuche, mich mit den Augen Gottes zu betrachten. Ich urteile nicht und richte nicht. Ich lasse alles sein, wie es ist. Gottes Gnade wärmt und erleuchtet mich.

Dritter Schritt:

Ich lasse mich vom Wort berühren
und fasse ins Wort, was mich berührt

Ich suche den geistlichen Austausch mit anderen oder lasse mich von einem Schriftwort inspirieren, das in meine derzeitige Situation passt.

Weitere Quellentexte

Klaras Gebetshaltung
(KQ – Thomas von Celano, Leben der hl. Klara 19)

Mahnung an die Brüder in den Einsiedeleien
(FQ – Thomas von Celano, Zweite Lebensbeschreibung des hl. Franziskus 179)

Biblische Texte

Gott zeigt sich Elija (1 Kön 19,1–13a)
Vom rechten Beten (Mt 6,5–15)
Maria und Marta (Lk 10,38–42)
Verklärung Jesu (Lk 9,28–36)
Gott suchen (Apg 17,23–30)

Themen und Impulse

Gott erfahren (→ S. 103ff.)
Der Kontemplationsweg Klaras (→ S. 158)

Gebete

Lobpreis Gottes (→ S. 156)
Christus, mein Licht (→ S. 182)

Casa Gualdi

Auf dem Weg von Assisi nach Portiuncula steht an einer Kreuzung die Casa Gualdi. Dies war im 13. Jahrhundert ein Haus für Aussätzige. Wurde bei einem Menschen der Aussatz festgestellt, dann wurde er nach einer Art Totenliturgie in der Kirche aus der Stadtgemeinschaft ausgeschlossen und musste von da an in einer Aussätzigensiedlung außerhalb der Stadt leben. Er durfte den Ort nicht verlassen und mit keinem Menschen Kontakt aufnehmen. Für Franziskus war die Begegnung mit dem Aussätzigen ein entscheidender Wendepunkt im Leben.

Franziskus

Franziskus begegnete eines Tages, als er in der Nähe von Assisi einherritt, einem Aussätzigen. Und während er sonst gewohnt war, vor Aussätzigen großen Abscheu zu haben, tat er sich jetzt Gewalt an, stieg vom Pferde, reichte dem Aussätzigen ein Geldstück und küsste ihm die Hand. Und nachdem er von ihm den Friedenskuss empfangen hatte, stieg er wieder aufs Pferd und setzte seinen Weg fort.

(FQ – Die Dreigefährtenlegende 11)

Aussatz

Aussatz ist noch lange nicht geheilt.
Gequält, verprellt und kaltgestellt: der Mensch.
Der Mensch wird würdelos geschunden.
Gleichgültigkeit schlägt tiefe Wunden.

Aussatz ist noch lange nicht geheilt.
Verkannt, verbannt und ohne Land: der Mensch.
Der Mensch, ein Fremder ohne Rechte,
weil ihn der eigne Bruder knechtet.

Aussatz ist noch lange nicht geheilt.
Gehetzt, verletzt und ausgesetzt: der Mensch.
Der Mensch, er leidet, fühlt sich einsam
und kann doch Mensch sein nur gemeinsam.

Dein Augenblick kann heilen,
nur mit dem Herzen sieht man gut.
Da wo die Menschen teilen,
ist Gottes Hand, die Wunder tut.

Gottes Nachtseite

Ich habe deine Nachtseite gesehen, Gott.
Du standest hinter einer Wand.
Sie hielt die Sonne ab,
und dunkel blieb dein Gesicht.
Ich sah dich ungepflegt und übernächtigt,
in den Augen den Zweifel.
Weglaufen wollte ich.
Ich konnte deinen Anblick nicht ertragen.
Du aber hieltest meine Hand und sagtest:
Deine Dunkelheiten trage ich in meinem Gesicht.
Sie sind mir kostbar und ich schmücke mich damit.
Lauf doch nicht weg, liebe mich,
ich stehe in deinem Schatten.

Anregungen, Fragestellungen und Impulse

> Schauen Sie von diesem Ort zur Stadt hinauf. Wie war es wohl für einen Menschen, die Stadt zu sehen und zu wissen: Ich bin aus der Stadtgemeinschaft ausgeschlossen?
>
> Kennen Sie die Erfahrung von Ausgesetzt-Sein (Sprachlosigkeit, Mobbing, Krankheit)?
>
> Wie kann es gelingen, eine solche Erfahrung zu verkraften? Zu heilen?

Warum war die Begegnung mit dem Aussätzigen für Franziskus so wichtig?

Kennen Sie schockierende Situationen, die für Sie heilsam waren?

Weitere Quellentexte

Die Begegnung mit dem Aussätzigen
(FQ – Das Testament 1–3)

Umgang mit den Armen
(FQ – Nicht-bullierte Regel, Kap. 9,2)

Kranke Brüder
(FQ – Nicht-bullierte Regel, Kap. 10)

Biblische Texte

Mirjam wird vom Aussatz geheilt (Num 12)
Die Heilung eines Aussätzigen (Mk 1,40–45)
Das Weltgericht (Mt 25,31–46)
Die Erlösung des Leibes (Röm 8,18–27)

Themen und Impulse

Beziehung gestalten (→ S. 123ff.)
Frieden stiften (→ S. 129ff.)

Gebete

Segensgebete (→ S. 209ff.)

Fonte Colombo

Fonte Colombo liegt im Rietital zwischen Assisi und Rom. Auch hier finden wir eine wilde Landschaft – Steineichen und Grotten. Die kleine Kirche ist von einer natürlichen Höhle gebildet.

Hierher haben sich die Brüder zum Gebet zurückgezogen. Unterhalb der Magdalenenkapelle sind jene Höhlen, in denen Franziskus 1223 Bruder Leo die endgültige Regel niederschreiben ließ. Darum wird dieser Ort auch das „franziskanische Sinai" genannt.

In Fonte Colombo versuchte ein Arzt, das schmerzhafte Augenleiden des heiligen Franz zu lindern. Der Arzt ätzte mit glühendem Eisen seine Schläfen – eine damals übliche Behandlung, die aber keine Abhilfe schaffte.

Franziskus

Da sich inzwischen der Orden ausgebreitet hatte, beschloss Franziskus, die von Papst Innozenz gutgeheißene Lebensform durch seinen Nachfolger Honorius für alle Zeiten bestätigen zu lassen. Dazu wurde er durch eine Offenbarung Gottes aufgefordert (...). Die Ordensregel war (...) eine Zusammenstellung von Worten des Evangeliums und sehr umfangreich.

Als er sie daher zur Bestätigung in eine knappere Form, wie ihn die Traumvision belehrt hatte, bringen wollte, begab er sich mit zwei Gefährten auf Antrieb des Heiligen Geistes auf einen Berg, wo er mit Wasser und Brot zufrieden war und unter Fasten sie so niederschreiben ließ, wie der Heilige Geist es ihm während des Gebetes eingab. Als er dann vom Berge heruntergekommen war, gab er sie seinem Vikar; doch nach wenigen Tagen behauptete dieser, er habe sie aus Unachtsamkeit verloren. Daher begab der Heilige sich abermals in die Einsamkeit, schrieb die Regel dort sogleich wie vorher nieder, als wenn er aus Gottes Mund die Worte empfinge, und erlangte von dem genannten Papst Honorius im achten Jahre seiner päpstlichen Regierung die Bestätigung.

(FQ – Bonaventura von Bagnoreggio, Legenda major – das Große Franziskusleben IV,11)

Auszüge aus den Regel-Texten von Franziskus und Klara

Lasst uns also die Worte, das Leben und die Lehre und das heilige Evangelium dessen festhalten, der sich herabgelassen hat, für uns seinen Vater zu bitten und uns seinen Namen kundzutun (...).

(FQ – Nicht-bullierte Regel, Kap. 22,41)

Wo immer die Brüder sind und sich treffen, sollen sie sich einander als Hausgenossen erzeigen. Und zuversichtlich soll einer dem anderen seine Not offenbaren (...). Und wenn einer von ihnen in Krankheit fällt, dann müssen die anderen Brüder ihm so dienen, wie sie selbst bedient sein wollen.

(FQ – Bullierte Regel, Kap 6,7–9)

Ebenso soll hierbei kein Bruder Macht oder Herrschaft ausüben, am wenigsten unter den Brüdern selbst.

(FQ – Nicht-bullierte Regel, Kap. 5,9)

Die Brüder sollen sich nichts aneignen, weder Haus noch Ort noch sonst eine Sache. Und gleich wie Pilger und Fremdlinge in dieser Welt, die dem Herrn in Armut und Demut dienen, mögen sie voll Vertrauen um Almosen bitten gehen und sollen sich dabei nicht schämen, weil der Herr sich in dieser Welt für uns arm gemacht hat.

(FQ – Bullierte Regel, Kap. 6,1–3)

Ich gebiete allen Brüdern streng, auf keine Weise Münzen und Geld anzunehmen, weder selbst noch durch eine Mittelsperson.

(FQ – Bullierte Regel, Kap. 4,1)

Die Schwestern, denen der Herr die Gnade zu arbeiten gegeben hat, sollen (...) treu und hingebungsvoll arbeiten, und zwar eine Handarbeit, die sich auf Ehrenhaftigkeit und gemeinsamen Nutzen bezieht, so dass sie unter Ausschluss des Müßiggangs, des Feindes der Seele, den Geist heiligen Gebetes und der Hingabe nicht auslöschen, dem alle übrigen zeitlichen Dinge dienen müssen.

(KQ – Lebensform des Ordens der Armen Schwestern –
die Regel der hl. Klara, Kap. 7,1f.)

Hinsichtlich der kranken Schwestern sei die Äbtissin streng verpflichtet, persönlich und durch andere Schwestern sich sorgfältig nach allem zu erkundigen, was ihre Krankheit erfordert, sowohl an Ratschlägen als auch an Speisen und anderen notwendigen Dingen, und dies nach Möglichkeit des Ortes liebevoll und barmherzig zu besorgen. Denn alle sind verpflichtet, ihre kranken Schwestern so zu versorgen und zu bedienen, wie sie selbst bedient sein möchten, wenn sie von irgendeiner Krankheit befallen sind.

(KQ – Lebensform des Ordens der Armen Schwestern –
die Regel der hl. Klara, Kap. 8,12–14)

Mit sicherem Vertrauen offenbare eine der anderen ihre Not. Und wenn [schon] eine Mutter ihre leibliche Tochter liebt und nährt, mit wie viel größerer Liebe muss eine Schwester ihre geistliche Schwester lieben und nähren.

(KQ – Lebensform des Ordens der Armen Schwestern –
die Regel der hl. Klara Kap. 8,15f.)

Jene Brüder, denen der Herr die Gnade gegeben hat, arbeiten zu können, sollen in Treue und Hingabe arbeiten.

(FQ – Bullierte Regel, Kap. 5,1)

Und wenn wir sehen oder hören, dass man Böses sagt oder tut oder Gott lästert, dann wollen wir Gutes sagen und Gutes tun und Gott loben.

(FQ – Nicht-bullierte Regel, Kap. 17,19)

Brauchen wir Regeln?

Grundgesetz, Magna Charta, Zehn Gebote, Kirchengebote, Verkehrsregeln, Spielregeln – ein unübersehbarer Wald von Gesetzen! Genügt nicht das Gesetz der Liebe? Die Regel des gesunden Menschenverstandes? Die Spontaneität des Augenblicks?

Klara und Franziskus schreiben keine Gesetzbücher. Das Evangelium ist Regel. Die Freiheit der Kinder Gottes ist Gesetz für die Schwestern und Brüder.

Die Freiheit aber bindet und das Evangelium braucht Verlässlichkeit. In einer Kirche, die Vertrauen atmet und in der Verlässlichkeit Regel ist, entsteht ein weiter Raum, ein großer Atem von evangelischer Freiheit.

Klara und Franziskus stehen zur Kirche in kritischer Solidarität. Was sie einklagen, ist nicht ihr Recht, sondern die Wahrhaftigkeit der Nachfolge und die Treue der Liebe.

Anregungen, Fragestellungen und Impulse

> Nehmen Sie sich nach einem Rundgang durch Fonte Colombo Zeit, fünf Lebensregeln aufzuschreiben, die für Sie persönlich wichtig sind. Vergleichen Sie diese mit den Zehn Geboten und mit den Seligpreisungen (Mt 5,3–12).
>
> In der Gruppe können Sie sich über die oben abgedruckten Auszüge aus den Regel-Texten von Franziskus und Klara austauschen.

Weitere Quellentexte

Buchstabe und Geist
(FQ – Ermahnungen, Kap. 7)

Grundsätze der franziskanischen Regel
(FQ – Nicht-bullierte Regel, Kap. 1)

Das Mahl mit dem Arzt
(FQ – Thomas von Celano, Zweite Lebensbeschreibung des hl. Franziskus 44)

Biblische Texte
Der Bundesschluss am Sinai (Ex 20,1–21)
Die Seligpreisungen (Mt 5,3–12)
Vom Gottvertrauen (Mt 6,25–34)
Das Gesetz des Glaubens (Röm 3,27–31)

Themen und Impulse
Evangelium leben (→ S. 141ff.)

Gebete
Lasst uns alle aus ganzem Herzen (→ S. 171)
Lobpreis Gottes (→ S. 156)

Greccio

In Greccio war 1217 eine Einsiedelei der Brüder entstanden. Wie ein Schwalbennest klebt das heutige Kloster am Berghang.

Franziskus inszenierte dort 1223 das erste Krippenspiel. Für ihn ist die Menschwerdung keine abstrakte Wahrheit; sie ist so konkret und wirklich, so menschennah, dass er sie mit seinen Brüdern und den Bewohnern des Dorfes in Szene setzen will.

Franziskus

Vierzehn Tage vor Weihnachten des Jahres 1223 lässt Franziskus einen Mann mit Namen Johannes, mit dem er gut befreundet ist, zu sich kommen und beauftragt ihn, bei Greccio eine Felsengrotte so herzurichten, dass dort möglichst naturgetreu die Szene von Betlehem gespielt werden kann. Franz sagt zu ihm:

„Ich möchte nämlich das Gedächtnis an jenes Kind begehen, das in Betlehem geboren wurde, und ich möchte die bittere Not, die es schon als kleines Kind zu leiden hatte, wie es in eine Krippe gelegt, an der Ochs und Esel standen, und wie es

auf Heu gebettet wurde, so greifbar als möglich mit leiblichen Augen schauen." (...)

Es nahte der Tag der Freude, die Zeit des Jubels kam heran. Aus mehreren Niederlassungen wurden die Brüder gerufen. Männer und Frauen jener Gegend bereiteten, so gut sie konnten, freudigen Herzens Kerzen und Fackeln, um damit jene Nacht zu erleuchten, die mit funkelndem Sterne alle Tage und Jahre erhellt hat. Endlich kam der Heilige Gottes, fand alles vorbereitet, sah es und freute sich. Nun wird eine Krippe zurechtgemacht, Heu herbeigebracht, Ochs und Esel herzugeführt. Zu Ehren kommt da die Einfalt, die Armut wird erhöht, die Demut gepriesen, und aus Greccio wird gleichsam ein neues Betlehem.

(FQ – Thomas von Celano, Erste Lebensbeschreibung des hl. Franziskus 84f.)

Menschwerdung

Krippe – keine Romantik, keine gemütliche Scheune
mit warmem Stroh,
kein Stall, mit Moos ausgelegt.
Harte Felsenhöhle, kalt wie ein Geräteschuppen.

Krippe – klein werden und in die Knie gehen –
nur so kann ich Gott erkennen.
Mich tief hinunterbücken –
nur so kann ich Gott ähnlich werden.
Denn „er entäußerte sich und nahm Knechtsgestalt an"
(Phil 2,7).

Krippe – der Herr über Raum und Zeit,
über Galaxien und Universen,
der Lenker der Naturgesetze, der Geber aller Gaben,
wird ein winziges Stück Leben
auf dem winzigen Planeten Erde.

Krippe – der Mächtige wird ohnmächtig,
der Allhelfer wird hilflos.
Er liefert sich einer mörderischen Menschheit aus.
Er geht den Weg der Erniedrigung,
um uns den Weg des Erbarmens zu lehren.

Mensch sein

Du bist ein Mensch und darfst es sein
mit allem, was tief in dir steckt.
Nichts kann dein Leben mindern,
kein Tod kann es verhindern:
Dein Gott hat dich geweckt.
Du bist ein Mensch und darfst es sein.

Du bist ein Mensch und darfst es sein
mit allem, was tief in dir steckt.
Kein Licht und keinen Schatten
in dir darfst du verraten:
Dein Gott ist's, der dich trägt.
Du bist ein Mensch und darfst es sein.

Du bist ein Mensch und darfst es sein
mit allem, was tief in dir steckt.
Wenn deine Ängste sterben,
wirst du das Leben erben:
Mit Christus auferweckt.
Du bist ein Mensch und darfst es sein.

Anregungen, Fragestellungen und Impulse

Bleiben Sie eine Zeit lang in der kleinen Kirche am Eingang des Klosters und meditieren Sie das Bild: Maria, die dem Kind die Brust gibt, und das Kind, das der irdischen Nahrung bedarf, drücken sehr realistisch die wirkliche Menschlichkeit Gottes aus.

Vielleicht fallen Ihnen andere Szenen aus dem Evangelium ein, die Jesus ganz als Mensch zeigen.

Was bedeutet es für Sie, heute Mensch zu sein
und Mensch zu werden?

Gehen Sie durch das enge Klösterchen
und spüren Sie die Armut und Demut
als Zumutung und als Zeichen der Freiheit.

Weitere Quellentexte

Menschwerdung und Eucharistie
(FQ – Ermahnungen, Kap. 1,16–22)

Die Demut Gottes
(FQ – Brief an alle Brüder oder den gesamten Orden, Kap. 2,26–29)

Der Weihnachtspsalm
(FQ – Offizium vom Leiden des Herrn XV)

Biblische Texte
Prolog (Joh 1,1–18)
Die Verkündigung des Herrn (Lk 1,26–33)
Die Geburt Jesu (Lk 2,1–14)
Als Mensch geboren (Gal 4,4–7).

Themen und Impulse
Gott erfahren (→ S. 103ff.)
Schöpfung bewahren (→ S. 115)

Gebete
Christus, mein Licht (→ S. 182)
Lob und Dank (→ S. 233)

La Verna

1213 schenkte Graf Roland von Chiusi Franziskus den Berg La Verna (im Zentralappenin, an der Grenze zur Toscana). Im August 1224 zog sich Franziskus dorthin zurück zum Beten und Fasten. Im September empfing er die Wundmale des Herrn, die sichtbaren Zeichen dafür, dass er vom Gekreuzigten geprägt war.

Franziskus

Zwei Jahre, bevor Franziskus seine Seele dem Himmel zurückgab, weilte er in einer Einsiedelei, die nach dem Ort, wo sie gelegen ist, Alverna heißt. Da sah er in einem Gottesgesicht einen Mann über sich schweben, einem Seraph ähnlich, der sechs Flügel hatte und mit ausgespannten Händen und aneinandergelegten Füßen ans Kreuz geheftet war. Zwei Flügel erhoben sich über seinem Haupt, zwei waren zum Fluge ausgespannt, zwei endlich verhüllten den ganzen Körper. Als der selige Diener des Allerhöchsten dies schaute, wurde er von größtem Staunen erfüllt, konnte sich aber nicht erklären, was diese Vision bedeuten sollte. Große Wonne durchdrang ihn, und noch tiefere Freude erfasste ihn über den gütigen und gnadenvollen Blick, mit dem er sich vom Seraph ange-

schaut sah, dessen Schönheit unbeschreiblich war, doch sein Hängen am Kreuz und die Bitterkeit seines Leidens erfüllten ihn ganz mit Entsetzen. Und so erhob er sich, sozusagen traurig und freudig zugleich, und Wonne und Betrübnis wechselten in ihm miteinander. Er dachte voll Unruhe nach, was diese Vision wohl bedeute, und um seinen innersten Sinn zu erfassen, ängstigte sich sein Geist gar sehr. – Während er sich verstandesmäßig über die Vision nicht klarzuwerden vermochte und das Neuartige an ihr stark sein Herz beschäftigte, begannen an seinen Händen und Füßen die Male der Nägel sichtbar zu werden, in derselben Weise, wie er es kurz zuvor an dem gekreuzigten Mann über sich gesehen hatte. Seine Hände und Füße schienen in ihrer Mitte mit Nägeln durchbohrt, wobei die Köpfe der Nägel an den Händen auf der inneren und an den Füßen auf der oberen Fläche erschienen, während ihre Spitzen sich an der Gegenseite zeigten. Die Male waren nämlich an der Innenseite der Hände rund, an der Außenseite aber länglich.

(FQ – Thomas von Celano, Erste Lebensbeschreibung des hl. Franziskus 94f.)

Was tun wir mit unseren Schmerzen?

Was tun wir mit unseren Schmerzen? Wenn es eben geht, vermeiden wir sie. Wir bekämpfen sie, betäuben sie. Wir empfinden sie als Störung, als Defizit in der Schöpfung. Was aber, wenn das Leben schmerzfrei wäre? Ist der Schmerz nicht das untrügliche Signal dafür, dass unsere Gesundheit angegriffen ist? Bewahrt uns der Schmerz nicht vor Unheil und Katastrophen? Ist der Schmerz nicht oft sogar eine Therapie?

Franziskus betet im Sonnengesang: „Selig jene, die solches ertragen in Frieden, denn von dir, Höchster, werden sie gekrönt." – Das klingt wie eine Vertröstung. Aber so kann es nicht gemeint sein. Gott hat keine Freude an unseren Schmerzen. Franziskus sagt nicht, dass die Schmerzen als solche gut sind. Es macht nur einen Sinn, Schmerzen zu ertragen „um der Liebe willen" oder „in Frieden". Nicht die Schmerzen sind das Ziel, sondern die Liebe und der Friede. Wen Schmerzen reifer machen, wen Tränen reinigen, wer aushält, um dem wirklichen Leben nicht aus dem Weg zu gehen, der findet zum Leben, das Gott einmal krönen wird.

Leben mit dem Kreuz

Das Symbol des Kreuzes macht deutlich, was christliche Spiritualität ist und was sie nicht ist. Wenn ich einen der Balken wegnehme, dann wird aus dem Kreuz eine eindimensionale Linie. Es wird entweder auf die Horizontale verkürzt. Dies ist die Linie des Machbaren und Innerweltlichen. Oder aber allein die vertikale Linie zählt. Dann werden Mensch und Welt geopfert. Spiritualität wird entpolitisiert, sie verkürzt sich auf eine rein jenseitige Ausrichtung. Jesus selbst stellt sich dieser religiösen Praxis entgegen, wenn es sagt: „Nicht jeder, der zu mir sagt: Herr! Herr!, wird in das Himmelreich kommen, sondern nur, wer den Willen meines Vaters im Himmel erfüllt" (Mt 7,21). Jesus selbst zeichnet ein Gottes- und Menschenbild, das die horizontale und die vertikale Linie verbindet. Im Doppelgebot der Gottes- und Nächstenliebe wird deutlich, dass die Liebe zu Gott als das oberste Gebot nur lebbar ist in der Liebe zu den Menschen und in der Verantwortung für diese Welt. Das Kreuz symbolisiert das Ganze. Wenn ich mich meinem Kreuz stelle, gemeint sind die Dunkelheiten und Verwerfungen meiner Biographie, die Einschränkungen meiner Vitalität und andere Grenzen, die Belastungen in meinen konkreten Beziehungen, meine alltäglichen Lebensaufgaben, meine sozialen Herausforderungen, wenn ich die darin enthaltenen Spannungen annehme und durchtrage, dann gehe ich in Wahrheit den Weg der Nachfolge Jesu.

Füße hast du keine

Füße hast du keine, nur die meinen,
zu gehen auf den Straßen dieser Welt
und den Frieden zu bringen.

Hände hast du keine, nur die meinen,
zu bergen ein verängstigtes Gesicht
und die Tränen zu trocknen.

Augen hast du keine, nur die meinen,
zu schauen, was erniedrigt und gering,
und ihm Ansehn zu geben.

Ohren hast du keine, nur die meinen,
zu hören auf den Schrei der Kreatur
und den Schmerz zu verstehen.

Lippen hast du keine, nur die meinen,
zu sprechen, wo man feige ist und lügt,
und die Wahrheit zu sagen.

Ich setze mich eine Zeit lang der Stille und Kargheit einer der Höhlen oder Steingrotten dieses Ortes aus.

Ich spüre die Härte, aber auch die Ruhe und Ausstrahlung.

Ich zeichne das Kreuz nach (oder ich strecke mich so aus, dass mein Leib ein Kreuz bildet). Ich spüre die Vertikale und die Horizontale: meine Ausrichtung auf Gott und auf den Menschen hin.

Ich meditiere, wo ich von den Wunden Jesu gezeichnet bin. Wo unsere Zeit und die Schöpfung von den Wunden Jesu gezeichnet sind. Wo Jesus von meinen und unseren Wunden gezeichnet ist.

Weitere Quellentexte

Franziskus empfängt die Wundmale
(FQ – Die Dreigefährtenlegende 69)

Karfreitagspsalm
(FQ – Offizium vom Leiden des Herrn VII)

Der Weg Jesu
(KQ – Vierter Brief an Agnes von Prag 3)

Franziskus auf dem Weg nach La Verna
(FQ – Thomas von Celano, Zweite Lebensbeschreibung des hl. Franziskus 46)

Biblische Texte
Jesu Gebet auf einem Berg (Mt 14,22–23)
Kreuzesnachfolge (Mk 8,34–37)
Der Tod Jesu (Mk 15,33–41)
Die Gewissheit der Glaubenden (Röm 8,31–39)
Vom Kreuz gezeichnet (Gal 6,14–18)
Glaubenszeugnis für Christus, den Gekreuzigten und Auferstandenen (1 Kor 15,1–5)

Themen und Impulse
Vergänglichkeit annehmen (→ S. 137ff.)
Das Du-Gebet des Franziskus (→ S. 154)

Gebete
Lobpreis Gottes (→ S. 156)
Preisgebet zu allen Horen (→ S. 239)

Teil 2 – **Themen und Impulse**

Gott erfahren

Unser Nichts ist der Raum, in dem Gott wirkt

Franziskus fragte: „Weißt du, Bruder, was ein reines Herz ist?" „Wenn man sich nichts vorzuwerfen hat", antwortete Leo, ohne lange zu überlegen. „Dann verstehe ich, dass du traurig bist, irgendetwas hat man sich immer vorzuwerfen." „Eben, und deshalb habe ich die Hoffnung auf ein reines Herz aufgegeben." „Ach, Bruder Leo, glaube mir, kümmere dich nicht so sehr um die Reinheit des Herzens. Sieh auf Gott. Bewundere ihn. Freue dich, dass es ihn gibt, ihn, den ganz und gar Heiligen. Danke ihm um seiner selbst willen. Eben das, mein kleiner Bruder, heißt ein reines Herz haben. Und wenn du dich so zu Gott zugewandt hast, wende dich vor allem nie auf dich selbst zurück. Frage dich nicht, wie du mit Gott stehst. Die Trauer darüber, dass man nicht vollkommen ist und dass man den Sünder in sich entdeckt, ist ein noch menschliches, ein allzu menschliches Gefühl. Du musst den Blick höher, viel höher heben. Es gibt Gott, es gibt die Unendlichkeit Gottes und seine unwandelbare Herrlichkeit. Ein Herz ist rein, wenn es nicht ablässt, den lebendigen und wahren Herrn anzubeten. Es nimmt tiefen Anteil an Gottes Leben und ist so stark, dass es sich noch in all seinem

Elend von der ewigen Unschuld und der ewigen Freude Gottes anrühren lässt. Ein solches Herz ist zugleich leer und übervoll. Dass Gott Gott ist, genügt ihm. Aus dieser Gewissheit schöpft es all seinen Frieden und all seine Freude. Und die Heiligkeit eines Herzens, auch die ist dann nichts anderes als Gott."

„Aber Gott verlangt, dass wir uns bemühen und ihm treu bleiben", wandte Leo ein.

„Gewiss, aber die Heiligkeit besteht nicht darin, dass man sich selbst verwirklicht, und besteht nicht in der Erfüllung, die man sich selbst verschafft. Heiligkeit ist zuerst einmal Leere, die man in sich vorfindet, die man akzeptiert und die Gott in eben dem Maße ausfüllt, in dem man sich seiner Fülle öffnet. Sieh, unser Nichts wird, wenn wir es akzeptieren, zum leeren Raum, in dem Gott aber noch als Schöpfer wirken kann. Der Herr lässt sich seinen Ruhm von niemandem streitig machen. Er ist der Herr, der Einzigartige, der allein Heilige. Aber er nimmt den Armen bei der Hand, zieht ihn aus seinem Elend und setzt ihn zu den Fürsten seines Volkes, auf dass er Gottes Herrlichkeit schaue. Gott macht sich zum Himmel über seinem Herzen. Bruder Leo, die höchste Forderung jener Liebe, die der Geist des Herrn unablässig in unsere Herzen einflößt, lautet: sich in die Herrlichkeit Gottes betrachtend versenken; staunend entdecken, dass Gott Gott ist, in alle Ewigkeit und über alles hinaus, was wir sind und sein können; sich von ganzem Herzen freuen, dass er existiert; sich für seine ewige Jugend begeistern; ihm Dank sagen um seiner selbst und um seiner nie versagenden Barmherzigkeit willen. Das heißt, ein reines Herz haben. Aber zu dieser Reinheit kommt man nicht dadurch, dass man sich plagt und abrackert."

„Wie denn?", fragte Bruder Leo.

„Sich selbst einfach aufgeben. Nichts behalten wollen. Auch das eigene Elend nicht mehr unter die Lupe nehmen. Reinen Tisch machen. Die eigene Armseligkeit akzeptieren. Alle Last abwerfen, sogar die Last unserer Fehler. Sich nur noch die Herrlichkeit des Herrn vor Augen halten und sich ihrer Strahlung aussetzen. Gott existiert, das genügt. Dann wird das Herz leicht. Es fühlt sich selbst nicht mehr, wie die Lerche, die glückstrunken im Blau des weiten Himmels schwebt. Das Herz hat alle Sorge, alle Unruhe von sich getan. Sein Verlangen nach Vollkommenheit hat sich in ein einfaches, reines Ja zu Gott verwandelt."

Leo ging vor Franziskus her und hörte nachdenklich zu. Allmählich wurde ihm leichter ums Herz und es kam großer Friede über ihn. Bald hatten sie das bescheidene Anwesen vor sich. Sie betraten eben den Hof, als die Frau schon zu ihrer Begrüßung erschien. Sie stand auf der Schwelle ihres Hauses, sie schien die beiden erwartet zu haben. Sobald sie ihrer ansichtig wurde, ging sie ihnen entgegen. Ihr Gesicht strahlte.

(Eligius Leclerq)

Das Bild von Gott

Vor allem deutet uns Franziskus das Bild von Gott. Es ist alt und beschädigt. Der Firnis der Jahrhunderte hat die Farben verdunkelt. Von nicht wenigen wird sogar die Echtheit des Bildes in Frage gestellt. Franziskus aber hört nicht auf, wie ein geduldiger Restaurator den Schmutz der Jahrhunderte und die Übermalungen der Theologen von diesem Bild zu entfernen. Intuitiv spüren alle: Was da zum Vorschein kommt, ist das Gottesbild, das Jesus gemalt hat. – Nein, Franziskus macht es sich nicht so einfach wie manche Gottesbild-Restauratoren der Gegenwart. Sie vertuschen alles Kantige und Dunkle an diesem Bild, sie meinen, das Bild mit sanften Farben auffrischen zu müssen, damit sich keiner daran stößt. Nicht so Franziskus. Der Gott, den er zeichnet, ist nicht handlich, harmlos und bequem. Er bietet Widerspruch und Widerstand, er kommt uns in die Quere und provoziert uns. Und doch oder gerade deshalb findet Franziskus in ihm den Vater, nach dem er so lange auf der Suche ist. Der Vater, der sich ihm zuwendet, der sich ihm in den Weg stellt und ihm den Weg zum Leben zeigt. Der Vater, der ihm die Gewissheit gibt, dass er ein Zuhause hat. Bedeutet uns Franziskus deswegen so viel, weil er uns Vaterlose zum Vater führt? Was wollen wir mehr als versöhnt leben, Töchter und Söhne sein?

Gott, Dich wissen ist klug,

aber es genügt nicht.
Dich spüren ist schön,
aber es genügt nicht.
Dich anbeten ist groß,
aber es genügt nicht.
Dir glauben heißt,
den Ruf hören,
das Haus verlassen,
die Seele leeren,
das Herz hinhalten,
den Weg gehen.

Gott im Alltäglichen finden

Ich mache mir bewusst, dass Gott nicht nur im Gebet und in der Liturgie zu finden ist, sondern auch im Alltäglichen: in Menschen, die mir begegnen, in „zufälligen" Situationen, in Aufgaben, die mir gestellt werden, in mir selbst.

Ich versuche, mich für die lautlose Sprache Gottes in meinem Alltag zu öffnen, indem ich achtsam bin für das, was ist. Ich urteile nicht, ich spüre nur, ich öffne mich für die Innenseite der alltäglichen Dinge.

Ich versuche, meine innere Spur zu erkennen: Gibt es Impulse, die immer wieder mal kommen? Spüre ich eine grundlegende Sehnsucht? Was verbirgt sich hinter meinen Wünschen und Bewegungen als „Grundstrom"?

Ich gehe sorgfältig mit den Bildern meiner Seele um. Welche Botschaften tragen meine Phantasien und Stimmungen? Meine Tag- und Nachtträume? Was spielt sich in meinem „inneren Kino" ab?

Ich schaue ehrlich die Widerstände in meinem Inneren an: negative Gefühle, Verdrängungen, Abwehr gegen Menschen und Aufgaben. Woher kommen sie und wo ist mein Anteil?

Ich spüre meinem Gottesbild nach. Wer hat es geprägt? Welche Gefühle schwingen mit, wenn ich an Gott denke? Wenn ich bete? Bin ich still begeistert oder lebt ein Misstrauen gegen Gott in mir?

Ich übe mich in der „Geistlichen Unterscheidung“. Ich frage mich in konkreten Entscheidungen des Alltags: Welche Bewegung kommt aus dem Eigenwillen? Welche Bewegung kommt aus dem Willen Gottes? Was entspringt der Gelassenheit und dem Vertrauen? Was entspringt der Angst und den Verletzungen?

Ich gebe meinem Gebetsleben eine Gestalt: Ich suche feste Zeiten und Orte, die mir heilig sind. Ich entwickle Rituale, die zu mir passen. Ich übe mich ein ins Schweigen.

Ich führe mir die Person Jesu vor Augen: Wie stelle ich mir ihn vor? Was fasziniert mich an ihm? Welche Sätze, die er gesprochen hat, sind mir wichtig? Wo und wie finde ich zu ihm?

Ich lebe in einer Gemeinde. In der Kirche. In einer Gesellschaft. Was verbindet mich? Wohin geht mein Impuls, an einer offenen Kirche, an einer gerechteren Gesellschaft mitzuarbeiten?

Zu Großem berufen

Spiegel des Lichtes sein

Unter den verschiedenen Gnadenerweisen, die wir vom Vater der Erbarmungen, der uns so reichlich beschenkt, erhalten haben und täglich erhalten und für die wir ihm, dem glorreichen Vater Christi, ganz besonders Dank sagen müssen, ist es vor allem unsere Berufung, für die wir ihm desto mehr verpflichtet sind, je vollkommener und erhabener diese Berufung ist. (...) Da uns also der Herr zu so Großem berufen hat, dass sich in uns spiegeln können, die selbst anderen Spiegel und Beispiel sind, so müssen wir Gott ganz besonders preisen und loben und im Herrn noch mehr an Tugendkraft zunehmen, um Gutes zu tun. So werden wir, wenn wir nach der genannten Weise leben, anderen ein lauteres Beispiel hinterlassen.

(KQ – Das Testament der hl. Klara 1,2f./ 21–23)

Ob es lohnt

Meinst du wirklich, es lohnt sich?
Schlechte Frage, wirst du sagen, Lohn ist keine Antwort,
wenn man fragt nach dem Leben.
Lohn ist nicht das Kleid, das passt auf meine Haut
und bedecken kann die Blöße meiner Sehnsucht.

Ich frage dich trotzdem, ob nicht zu groß der Preis
und zu gering die Chance zu gewinnen.

Ich höre dich sagen:
Wenn du wissen willst, ob das Wasser trägt,
musst du dein Haus verlassen.
Du gehst an den Strand und wartest, bis die Flut kommt.
Dann bindest du los dein Boot und lieferst dich
dem unendlichen Meer aus,
allein das winzige Ruder in den Händen.

Oft musst du kämpfen mit der schäumenden Urkraft,
und die Lippen zittern vor Ohnmacht.
Aber zurück willst du nicht.

Nach Jahren hast du gelernt,
dich einzuschwingen in den gewaltigen Rhythmus
der Wellen.
Und du hörst eine Melodie,
die keiner kennt, der am Ufer bleibt.

Berufene sind Hörende

Um unsere Berufung zu verstehen, werden wir durch die Wörter, Bilder und Erfahrungen hindurch zum schweigenden Grund vordringen. Wir werden Räume entdecken, in denen keine Worte mehr greifen, in denen wir nur noch stumm vor dem Unsagbaren verharren. So wie eine Schale nur aufnehmen kann, wenn sie leer ist, und eine Glocke nur klingen kann, wenn sie hohl ist, so können Menschen Gottes Ruf nur vernehmen, wenn sie ihre eigenen Gedanken und Worte zum Schweigen bringen.

Wir dürfen das Schweigen und Hören nicht so verstehen, als wären dabei die Menschen und die Welt ausgeschlossen. Im Gegenteil: Wenn wir unserer Berufung gerecht werden, führt uns der Weg vom Hören zum Anteilnehmen und Mitleiden. Wenn die Bibel uns sagt, dass wir auf den Tod Christi getauft sind, bedeutet das nichts anderes, als dass wir an Christus teilhaben in der Weise der Compassion. Im Mitgefühl und im heilenden Mitleiden werden wir mit Jesus Christus zu Zeuginnen und Zeugen der österlichen Hoffnung.

Überlegen Sie, was Ihr derzeitiger Stand und Ihre derzeitige Lebenssituation mit Ihrer Berufung zu tun hat. Vielleicht spüren Sie mitten in der Alltäglichkeit ein „Gerufen-Sein“ von einer Aufgabe, von Menschen, vom Leben, von Gott.

Sprechen Sie mit anderen offen und ohne sich kleinzureden über Ihre Talente und Begabungen. Verstehen Sie diese als Berufung?

Gibt es eine innere Stimme, die Ihnen manchmal bewusst macht, von Gott gerufen zu sein?
Lesen Sie dazu eine Berufungsgeschichte der Bibel (z. B. Joh 1,35–51).

Schöpfung bewahren

Leben nach dem Sonnengesang

Sonne, Mond, Gestirne
Mir zehn Minuten schweigend den Abendhimmel ansehen
Einen Spaziergang machen und Licht und Wärme spüren
Einen Lichtblick im Leben des anderen setzen
Mich fragen, wer das Licht in meiner Finsternis ist

Wind und Wetter
Fünf Minuten bewusst atmen
Wind und Wetter erleben und spüren
Ehrlich fragen, was mir am meisten „stinkt“
Luftverschmutzung vermeiden

Wasser
Einen Tag lang beobachten, wozu ich Wasser brauche
Bei Regen am offenen Fenster stehen
Fragen, wem das Wasser bis zum Hals steht
Die Quelle meditieren, aus der ich lebe

Feuer, Wärme und Licht
Bewusst einmal Kälte spüren und aushalten
Eine Kerze anzünden und das Licht betrachten
Ein „heißes Eisen“ anpacken
Energie sparen: mehr Pullover, weniger Heizung!

Erde
Die Anzeichen für die Jahreszeit beobachten
Bewusst und aufmerksam essen
Die Erde erleben: tasten, spüren, auf der Erde liegen
Den Satz überdenken: Aus der Erde bist du genommen, zur Erde kehrst du zurück!

Vergebung und Neuanfang
Abends vor dem Einschlafen alles Negative
im Ausatmen loslassen
Sich über den Wert eines Mitmenschen klar werden
Das Kreuz eines Menschen sehen und tragen helfen
Sich klar werden, wie sehr Sympathie und Antipathie
unser Verhalten bestimmen.

Vergänglichkeit und Tod
Etwas verschenken, woran ich hänge
Bilder von verstorbenen Menschen anschauen
und für ihr Leben danken
Mich auf mein eigenes Sterben einlassen
Das Wort meditieren: Gott ist so groß,
dass es sich wohl lohnt,
ihn ein Leben lang zu suchen (Teresa von Avila).

(Nach einem Faltblatt zur Fastenzeit)

Die Schöpfung – ein Gebetbuch

Die Schöpfung ist ein einzigartiges Gebetbuch. Es ist immer aufgeschlagen. Es lädt uns ein, einzustimmen in das große Lob Gottes.

Mit allen Sinnen beten
Die Natur hat die schönsten Farben, sie klingt wie eine großartige Symphonie, sie riecht nach Frische und Leben, sie lässt sich schmecken als Frucht oder Gemüse oder Gewürz. Unsere Sinne wollen spüren und sie wollen beten.

Danke sagen
In den romanischen Sprachen hat das Wort „Danke" noch einen tieferen Klang: grazie, gracias. Wörtlich übersetzt: Gnade. Oder besser: Ich bin beschenkt. Wo könnten wir besser dieses Gefühl pflegen als in der Schöpfung: Wir sind beschenkt. Schon dieses Gefühl im Herzen ist ein Gebet.

Die Schöpfung atmen

Es geht gar nicht anders in der freien Natur, als tief zu atmen. Und tatsächlich verändert sich mit Atem auch die Seele: Sie wird frisch, ruhig, gelassen und dankbar. Der Atem hat eine doppelte Botschaft: Ich nehme und ich gebe. In Wahrheit ist dies auch die innigste Kommunikation mit Gott. Jeder Atemzug eine Gabe Gottes. Jeder Atemzug ein stilles Gebet.

Das Leben bewundern

Bewundern heißt: Im Leben ein Wunder sehen. Die wirklich großen Wunder schreibt das Leben selbst und sie geschehen meist ohne Aufsehen: Ein Kind in der Wiege – eines der größten Wunder. Selbst ein Schneeglöckchen ist ein Wunder. Bewundern heißt, das Wunder bei sich ankommen lassen, es in die Seele einprägen.

Ein neues Lied für die Schöpfung

Gelobt seist du, mein Herr, durch deine Schöpfung.
Besonders durch die Sonne,
die der Welt Licht und Leben schenkt
und Tag für Tag kraftvoll die Giftschwaden durchdringt,
mit denen wir uns den Himmel verdunkeln.

Gelobt seist du durch die Sterne.
Unerreichbar sind sie, faszinierend und schön.
Sie geben Zeugnis von deiner Allmacht
und lassen deine Herrlichkeit ahnen.
Sie weisen uns in Schranken,
wenn wir uns wie die Herren der Schöpfung gebärden
und wieder nach den Sternen greifen wollen.

Gelobt seist du durch den Wind, der die Welt bewegt,
der den Samen verteilt und Regenwolken bringt,
damit unsere Äcker fruchtbar werden.
Doch der Wind wird mehr und mehr zu einer Naturgewalt,
die wir fürchten, weil das Klima immer wärmer wird
durch unsere Schuld.

Gelobt seist du durch das Wasser.
Kostbar ist es. Unbezahlbar.
Und doch vergeuden wir es,
als sei der Quell unerschöpflich.
Wir vergiften es um des Profits willen
und lassen lebendige Flüsse und Meere zu Kloaken werden.

Gelobt seist du durch die Wälder
in dem verheißungsvollen Grün des Frühlings,
in der Fülle des Sommers,
in der Farbenpracht des Herbstes
und der Ruhe des Winters.
Gelobt seist du durch die Pflanzen, Blumen und Bäume,
deren Artenvielfalt wir Tag für Tag reduzieren,
deren Gene wir patentieren und vermarkten,
deren Schönheit wir als reinen Nutzwert sehen.

Gelobt seist du durch die Tiere,
die in den sterbenden Wäldern
und auf überdüngten Feldern
und in verseuchten Gewässern
und der verpesteten Luft überleben.
Besonders durch die Vögel,
die unverdrossen Tag für Tag dein Loblied singen.
Gelobt seist du auch durch die Tiere,
die uns von Nutzen sind.
Du hast sie uns anvertraut als unsere Mitgeschöpfe.
Doch wir benutzen sie, gedankenlos, gefühllos,
und sprechen ihnen jegliche Lebensberechtigung ab,
wenn sie ihre Zwecke nicht erfüllen.

Gelobt seist du, mein Herr, durch die Menschen,
die sich dafür einsetzen,
der Erde das Gesicht zurückzugeben,
das du ihr einst gegeben hast.

(Hildegard Stockmann)

Lesen Sie den Sonnengesang in der Originalfassung (→ S. 173f.) und in der modernen Übertragung von Hildegard Stockmann. Was fällt Ihnen auf?

Vielleicht regt Sie der Text an,
eigene Strophen zu schreiben.

Was erwarten Sie von einer
nachhaltigen Umweltpolitik?

Wie können wir im alltäglichen Leben
die Schöpfung achten und schonen?

Beziehung gestalten

Die Quelle der Freundschaft – eine Legende

Chiara und Francesco wollten sich nach langer Trennung wiedersehen. Sie vereinbarten einen Ort in einem Tal bei Assisi, an dem sie sich gerne aufhielten. Auf dem Grund des Tales hatte sich ein Bach sein Bett gegraben. Nun kam es, dass Chiara zur vereinbarten Zeit auf der einen, Francesco aber auf der anderen Seite des Baches ankam. Sie standen nur wenige Meter voneinander entfernt, aber der Bach trennte sie. Chiara rief Francesco zu: „Komm herüber!" Francesco aber wehrte ab: „Das Wasser ist tief und reißend, es würde mich umbringen. Lass uns eine Brücke suchen."

Sie suchten eine Brücke, aber es gab keine. „So können wir uns heute nicht begegnen, gehen wir nach Hause!", sagte Francesco traurig. Chiara aber war beharrlich: „Wir gehen den Bach hinauf bis zur Quelle. Dort ist das Wasser niedrig, wir können hindurchwaten und zusammenkommen." So wanderten sie den Lauf des Baches hinauf. Der Weg wurde steil und anstrengend. Es dauerte Stunden. Aber die Freude, miteinander sprechen zu können, ließ Francesco und Chiara die Hindernisse mühelos überwinden. Schließlich kamen sie zur Quelle des Baches. Sie war so lauter und klar. Sie spürten Durst. Sie schöpften mit den Händen Wasser aus der Quelle und tranken es wie eine Köstlichkeit. Das Wasser war wie ein Spiegel, darin Chiara und Francesco ihr eigenes Bild fanden.

„So ist unser Leben", sagte Chiara, „wir sind unterwegs, jeder auf seinem Weg. Und doch finden wir uns selbst nur, wenn wir einander begegnen. Menschen sind geschaffen, um gemeinsam ihre Quelle zu suchen. Menschen sind geschaffen, um Gott zu genießen."

Distanz und Berührung

Lieber Franziskus,
das Stichwort „Umarmung" lässt mich unwillkürlich an deine Begegnung mit dem Aussätzigen denken. Es ist eine Geschichte, die mich nicht nur anrührt, sondern wie ein Stromschlag durchzuckt. Du hast diese Begegnung nicht inszeniert, sie ist dir einfach widerfahren. Plötzlich stand er vor dir – ein Aussätziger, sein ganzer Körper überzogen von Eiterbeulen und klaffenden Wunden, seine Hände ausgestreckt, bettelnd um ein Stück Brot. Der Anblick traf dich wie ein Blitz, wie angewurzelt bliebst du stehen, musstest den Gestank aushalten, dem Ekel widerstehen. Aber eine magische Kraft zog dich vom Pferd und ließ dich auf den Todgeweihten zugehen. Nicht einmal die Angst vor der Ansteckung konnte dich hindern, ihn zu berühren und an dein Herz zu drücken. Das Signal, das du gesetzt hast, galt wohl zuerst dir selbst. Du wolltest eine Grenze überschreiten – unumkehrbar. Es gab kein Zurück,

du hattest dich entschieden, unüberbrückbar scheinende Distanzen zu überwinden.

Distanzen – ich brauche sie. Ich muss mich abgrenzen, um ich selbst zu sein. Mein Leben ist ein Spiel zwischen Nähe und Distanz. Ich kann jene übergriffige Distanzlosigkeit nicht leiden, die alle und alles umarmen will, die sofort zum „Du“ übergeht und die Intimität nicht respektiert. – Ich weiß, Franziskus, solches war auch dir ein Gräuel. Du miedest den Marktplatz der Geschwätzigkeit und suchtest die Zurückgezogenheit der Wälder.

Franziskus, wie du will auch ich mich berühren lassen. Von meiner eigenen Sehnsucht zuerst, die mich auf meine Quelle verweist. In ihrer Schule lerne ich die Liebe. Ich spüre eine Nähe zu den Menschen und zu allem Geschaffenen. Die Sehnsucht lockt mich, über mich hinauszuwachsen, für andere zu leben und mich zu verschenken. Wie du will ich jener Gestalt von Liebe misstrauen, die die Menschen einteilt in Sympathisanten und Gegner, in Freunde und Feinde. Du hast solche Grenzlinien überschritten. Deine Umarmung des Aussätzigen ist auch für mich ein heilsamer Stachel in der Seele. Wie Schuppen fallen mir meine Urteile und Lügen von den Augen, ich erkenne, wer meine Aussätzigen sind. Noch bin ich nicht so weit, dass ich spontan auf sie zugehe und sie umarme. Aber manchmal halte ich an und schaue genauer hin, wer vor mir steht. Manchmal gelingt es sogar, ihnen in die Augen zu sehen und sie zu verstehen. Das ist nicht viel. Oder vielleicht doch?

Die Kunst des Streitens

Lange Zeit hat man die christliche Botschaft eingeengt auf ein paar bürgerliche Anstandsregeln: Seid nett zueinander! Behandle deine Mitmenschen so, wie du selbst behandelt werden möchtest! Sei in allem bescheiden und streite nie! Gehe Konflikten aus dem Weg, und wenn es doch dazu kommt, dann gib am besten nach!

Jesus nachfolgen heißt nach diesem Verständnis vor allem ein stilles, unauffälliges und angepasstes Leben führen.

Welches Missverständnis! Der Jesus des Evangeliums ist ganz anders. Er scheut keine Auseinandersetzung. Nie hat er verboten zu streiten. Im Gegenteil. Er selbst gerät in heiligen Zorn, wenn die Ehre Gottes verletzt oder die Würde des Menschen mit Füßen getreten wird. Den Händlern im Tempel, die mit der Frömmigkeit ein Geschäft machen, wirft er die Tische um. Den scheinheiligen Moralisten sagt er es ins Gesicht: „Ihr seid übertünchte Gräber!"

Freilich braucht es eine Kultur des Streitens. Wir haben sie weitgehend verlernt. Wir gehen davon aus, dass es beim Streit Sieger und Besiegte geben muss. Jeder muss versuchen, den anderen über den Tisch zu ziehen. Am Ende ist der eine im Recht, der andere im Unrecht. Diese Denkart hat sich so sehr in unsere Seele eingegraben, dass wir panische Angst vor Konflikten haben. Ich könnte ja verlieren. Ich könnte ja eine Blöße zeigen und am Ende als der Schwächere dastehen. Darum schlucke ich lieber meinen Groll.

Natürlich rumort es dann in der Tiefe meiner Seele weiter. Die bösen Gefühle bleiben. Ich darf mich nicht wundern, wenn meine Aggressionen eines Tages unkontrolliert ausbrechen. Dann wird der Streit brutal.

Jesus zeigt uns in der Bergpredigt ein neues Verhaltensmuster: „Wenn dich einer auf die rechte Wange schlägt, dann halt ihm auch die andere hin" (Mt 5,39). Richtig verstanden, heißt dieser Satz so: Wenn es unter euch Konflikte gibt, dann versuche nicht, deinen Gegner zu besiegen. Aber spiele auch nicht den Geschlagenen, der sich beleidigt zurückzieht. Geh mit offenem Visier auf die Mitmenschen zu. Sage, was dich ärgert, und zeige, wo du verletzt bist. Gehe ganz ehrlich mit deinen Empfindungen
ngen und
die Chance,

Ich meditiere Beziehungen,
die mir wichtig sind, und bringe sie vor Gott.
Was möchte ich verändern?

Ich reflektiere die Beziehungen in der Gruppe,
mit der ich hier bin. In meiner Familie oder
Lebensgemeinschaft.
Mit wem möchte/sollte ich reden?
Wie kann Gemeinschaft gelingen?

Frieden stiften

Das geteilte Brot

Ein einziges Brot war nur noch im Kloster, als der Hunger und die Zeit zum Essen vor der Türe standen. Klara rief eine Schwester herbei und beauftragte sie, das Brot zu teilen, den einen Teil den Brüdern zu schicken, den anderen für die Schwestern zu behalten. Dann gab sie den Auftrag, von der zurückbehaltenen Hälfte entsprechend der Anzahl der Frauen fünfzig Stücke zu schneiden und sie ihnen auf den Tisch der Armut zu legen. Da stutzte die Schwester und meinte: „Da müsste wohl unser Herr wieder das Wunder der Brotvermehrung wirken, um von diesem winzigen Stück Brot fünfzig Teile zu erhalten." Klara sagte nur: „Sei unbekümmert, Schwester, und tu, was ich dir sage!" Die Schwester bemühte sich, den Auftrag Klaras zu erfüllen. Diese ging ins Gebet und bat um Gottes Hilfe. Und das Wunder geschah. Gott war angetan von so viel Glauben und der Bereitschaft, das wenige zu teilen. Und in seiner Freigebigkeit vermehrte er das kleine Stück Brot, so dass es nicht weniger wurde. Vielmehr bekamen alle Schwestern in der Klostergemeinde so viel Brot, dass ihr Hunger gestillt wurde.

(Freie Übertragung nach KQ – Thomas von Celano, Leben der hl. Klara 15)

Zehn Merksätze aus der Enzyklika „Fratelli tutti" von Papst Franziskus (5. Oktober 2020)

1
„*Fratelli tutti*" schrieb der heilige Franz von Assisi und wandte sich damit an alle Brüder und Schwestern, um ihnen eine dem Evangelium gemäße Lebensweise darzulegen. (...) Er nennt hier den Menschen selig, der den anderen, „auch wenn er weit von ihm entfernt ist, genauso liebt und achtet, wie wenn er mit ihm zusammen wäre". (FT 1)

2
Wir erleben, wie eine bequeme, kalte und weit verbreitete Gleichgültigkeit vorherrscht, Tochter einer tiefen Ernüchterung, die sich hinter einer trügerischen Illusion verbirgt, nämlich zu glauben, dass wir allmächtig sind, und zu vergessen, dass wir alle im gleichen Boot sitzen. (FT 30)

3
Jeder Mensch hat das Recht, in Würde zu leben und sich voll zu entwickeln, und kein Land kann dieses Grundrecht verweigern. Jeder Mensch besitzt diese Würde, auch wenn er wenig leistet, auch wenn er mit Einschränkungen geboren oder aufgewachsen ist; denn dies schmälert nicht seine immense Würde als Mensch, die nicht auf den Umständen, sondern auf dem Wert seines Seins beruht. (FT 107)

4
Solidarität ist ein Wort, das (...) sehr viel mehr bedeutet als einige sporadische Gesten der Großzügigkeit. Es bedeutet,

dass man im Sinne der Gemeinschaft denkt und handelt, dass man dem Leben aller Vorrang einräumt – und nicht der Aneignung der Güter durch einige wenige. (FT 116)

5
Niemand darf aufgrund seiner Herkunft ausgeschlossen werden und schon gar nicht aufgrund der Privilegien anderer, die unter günstigeren Umständen aufgewachsen sind. (...) So wie es inakzeptabel ist, dass eine Person weniger Rechte hat, weil sie eine Frau ist, so ist es auch nicht hinnehmbar, dass der Geburts- oder Wohnort schon von sich aus mindere Voraussetzungen für ein würdiges Leben und eine menschenwürdige Entwicklung liefert. (FT 121)

6
Gegenseitige Hilfe zwischen Ländern kommt letztlich allen zugute. Ein Land, das sich auf der Grundlage seiner ursprünglichen Kultur weiterentwickelt, ist wertvoll für die gesamte Menschheit. Wir müssen das Bewusstsein dafür schärfen, dass wir die Probleme unserer Zeit nur gemeinsam oder gar nicht bewältigen werden. Armut, Verfall und die Leiden eines Teils der Erde sind ein stillschweigender Nährboden für Probleme, die letztlich den ganzen Planeten betreffen. (FT 137)

7
Das Problem ist die menschliche Schwachheit, die beständige menschliche Tendenz zum Egoismus, der Teil dessen ist, was die christliche Tradition „Begierlichkeit“ nennt: die Neigung des Menschen, sich in der Immanenz des eigenen

Ichs zu verschließen, seiner Gruppe, seiner armseligen Interessen. Diese Begierlichkeit ist kein Fehler unserer Epoche. Sie gibt es, seit der Mensch existiert. (FT 166)

8

Es ist keine pure Utopie, jeden Menschen als Bruder oder Schwester anerkennen zu wollen und eine soziale Freundschaft zu suchen, die alle integriert. Dazu braucht es Entschiedenheit und die Fähigkeit, wirksame Wege zu finden, die sie real möglich machen. Jegliches Bemühen in diese Richtung wird zu einer anspruchsvollen Ausübung der Nächstenliebe. Denn ein Einzelner kann einer bedürftigen Person helfen, aber wenn er sich mit anderen verbindet, um gesellschaftliche Prozesse zur Geschwisterlichkeit und Gerechtigkeit für alle ins Leben zu rufen, tritt er in „das Feld der umfassenderen Nächstenliebe, der politischen Nächstenliebe ein“. Es geht darum, zu einer gesellschaftlichen und politischen Ordnung zu gelangen, deren Seele die gesellschaftliche Nächstenliebe ist. (FT 180)

9

Auch wenn es Dinge gibt, die niemals toleriert, gerechtfertigt oder entschuldigt werden sollten, können wir dennoch verzeihen. Auch wenn es etwas gibt, das wir auf gar keinen Fall vergessen dürfen, können wir dennoch verzeihen. Freie und aufrichtige Vergebung besitzt eine Größe, die die Unermesslichkeit der göttlichen Vergebung widerspiegelt. (FT 250)

10
Zwischen den Religionen ist ein Weg des Friedens möglich. Der Ausgangspunkt muss der Blick Gottes sein. Denn „Gott schaut nicht mit den Augen, Gott schaut mit dem Herzen. Und Gottes Liebe ist für jeden Menschen gleich, unabhängig von seiner Religion. Und wenn er Atheist ist, ist es die gleiche Liebe. Wenn der jüngste Tag kommt und es genug Licht auf der Erde gibt, um die Dinge so zu sehen, wie sie sind, werden wir viele Überraschungen erleben!" (FT 281)

Welche Anregungen aus den zehn Merksätzen aus der Enzyklika „Fratelli tutti" finden Sie besonders wichtig?

Wie können diese im persönlichen und gesellschaftlichen Leben umgesetzt werden?

Wie kommen wir dem Ziel der Solidarität und der weltweiten Geschwisterlichkeit näher?

Was sagt die Legende vom geteilten Brot über das Charisma des Teilens, und was bedeutet das für uns heute?

Kirche bauen

Die alte Kirche

Drunten im Tal von Umbrien stehe ich plötzlich vor einer alten Kirche. Das Mauerwerk zeigt Risse, die Sandsteinfiguren sind angenagt vom Zahn der Zeit und von den aggressiven Chemikalien, die auch hier in der Luft liegen.

Ich gehe um die Kirche herum. Die großen Fenster im Chor sind schmutzig und grau. Blind gewordene Scheiben sind festgehalten von rostigen Metallstäben. Ich gehe wieder zum Hauptportal und betrete durch die schwere Türe die Kirche.

Dunkelheit umhüllt mich. Meine Augen haben Mühe, etwas zu erkennen. Ich brauche Zeit, um anzukommen in diesem Raum.

Dann aber strahlt mir ein bunter Lichtglanz entgegen. Die Morgensonne flutet durch das Glas. Ich sehe Figuren, die sich bewegen im Spiel des tanzenden Lichtes.

Auf dem Rückweg nach Assisi drängt sich mir ein verwegener Vergleich auf: Von außen gesehen und auf Distanz sieht die ganze Kirche so aus wie jenes alte Gebäude dort unten. Verwitterte Figuren, Risse und lichtlose Fenster. Graue Gesichter und verhärtetes Spießertum. Die Farbe des Evangeliums ist verblasst.

Meine Erfahrung von eben lässt mich fragen, ob ich es wagen soll, die verschlossene Türe zu öffnen und den Innenraum zu betreten. Ob die lebendige Sonne nicht auch die Kirche aus Menschen verwandelt und den Raum füllt mit buntem Licht?

Eine hörende Kirche

Eine hörende Kirche hat den Mut, durch die Wörter und Bilder und Erfahrungen hindurch zum schweigenden Sein vorzudringen. Sie respektiert den Raum, in dem wir nichts zu sagen haben, in dem keine Worte mehr greifen, in dem wir nur noch schweigend vor dem Unsagbaren stehen.

Eine hörende Kirche glorifiziert weder die Vergangenheit noch utopisiert sie die Zukunft. Sie hört auf die Realität der Gegenwart mit all ihren Licht- und Schattenseiten. Sie sieht darin das Heute Gottes.

Eine hörende Kirche ist offen für alles und zugleich klar ausgerichtet auf Jesus Christus. Sie ist bodenständig und zugleich empfänglich für jede Bewegung des Geistes. Sie hat ein sichtbares Profil und bewegt sich zugleich im Raum der Freiheit. Sie nimmt die einzigartige Berufung jedes Menschen ernst und schafft zugleich verbindliche Gemeinschaft unter den Berufenen. Sie steht ganz auf der Seite der Menschen und ist zugleich ganz in Gott verwurzelt.

Anregungen für eine Gemeindespiritualität

Der Kern der Gemeindespiritualität ist das gemeinsame Gebet. Beten ist weniger ein Sprechen von Texten als ein Offen-Werden für Gottes Sprache in der Welt.
Impuls: Weniger Worte und mehr Stille im Gottesdienst finden, Momente des Schweigens in der Arbeit der Gremien ermöglichen.

Gemeindespiritualität ist communio und communicatio. Neben dem Hören auf Gott steht das Hören aufeinander.
Impuls: Im Gespräch für die Fragen und Bedürfnisse der anderen sensibler werden.

Gemeindespiritualität ist lebendiger Austausch.
Impuls: Zum Glaubensaustausch einladen, auch zum Gespräch über Zweifel und Glaubensnöte.

Gemeindespiritualität ist auf Jesus ausgerichtet.
Impuls: Jesus besser kennenlernen. Uns auch heute das Unerhörte der Worte und Zeichen Jesu bewusst machen.

Gemeindespiritualität ist diakonische Spiritualität. Ihre Wahrhaftigkeit zeigt sich in der Liebe am Nächsten, vor allem in der „Option für die Armen“.
Impuls: Gebet und geistliches Leben mit dem Dienst am Menschen und an der Schöpfung in Beziehung bringen.

Anregungen, Fragestellungen und Impulse

Welches ist mein Kirchenbild? Mein Kirchentraum?

Welche Erfahrungen mache ich mit Gemeinde und Kirche? Zu Hause? Hier in Assisi?

Was kann ich / können wir in Bewegung bringen?

Vergänglichkeit annehmen

Franziskus stirbt

Als (...) die Brüder bitterlichst weinten und untröstlich klagten, ließ sich der heilige Vater Brot bringen. Er segnete es, brach es und reichte jedem ein Stücklein zum Essen. Er ließ auch das Evangelienbuch bringen und bat, man möge ihm das Evangelium nach Johannes vorlesen von der Stelle an, wo es heißt: „Vor dem Osterfeste" usw. Er erinnerte sich jenes allerheiligsten Abendmahles, das der Herr mit seinen Jüngern zuletzt feierte. Denn zum ehrenden Andenken daran und zum Erweis, welch innige Liebe er zu seinen Brüdern hatte, tat er dies alles. Darauf benützte er die wenigen Tage, die bis zu seinem Heimgang noch übrig waren, zum Lobe Gottes und forderte seine geliebten Gefährten auf, mit ihm Christus zu loben. Er selbst aber brach, so gut er konnte, in diesen Psalm aus: „Mit meiner Stimme rufe ich zum Herrn, mit meiner Stimme flehe ich zum Herrn." Er lud auch alle Geschöpfe zum Lobpreis Gottes ein und durch Worte, die er einstens gedichtet hatte, forderte er sie auf zur Liebe Gottes. Ja, sogar den Tod persönlich, allen schrecklich und verhasst, forderte er auf zum Lobpreis. Fröhlich ging er ihm entgegen und lud ihn ein zu Gast: „Sei willkommen, meine Schwester Tod!" Zum Arzt aber sagte er: „Mut, Bruder Arzt, sag er mir nur, dass der Tod sehr nahe ist; er wird mir die Pforte zum Leben sein!" Und zu den Brüdern sprach er: „Wenn ihr seht, dass es mit mir zu Ende geht, so legt mich nackt, wie ihr mich vorgestern gesehen habt, auf den Boden und lasst mich, wenn ich verschieden bin, solange so liegen, als man braucht, um gemächlich eine Meile weit gehen zu können." – So kam seine Stunde und, da sich Christi Geheimnisse alle an ihm erfüllt hatten, entschwebte er glückselig zu Gott.

(FQ – Thomas von Celano, Zweite Lebensbeschreibung des hl. Franziskus 217)

Klara stirbt

(Klara) wandte sich an die weinenden Töchter, denen sie die Armut des Herrn empfahl und die göttlichen Wohltaten mit Lobpreis in Erinnerung rief. Sie (...) erflehte allen Frauen der Armen Klöster, sowohl den gegenwärtigen als auch den künftigen, die reiche Gnade des Segens. (...) Zu sich gewendet aber redete die heiligste Jungfrau ihre Seele leise an und sprach: „Geh in Sicherheit, denn du hast ein gutes Weggeleit. Geh", sagte sie, „denn der dich geschaffen hat, hat dich geheiligt. Er hat dich stets behütet wie eine Mutter ihr Kind und dich mit zärtlicher Liebe geliebt." Sie sprach: „Du, Herr, sei gepriesen, der du mich erschaffen hast." Als eine der Schwestern fragte, mit wem sie rede, erwiderte sie: „Ich rede mit meiner gesegneten Seele." (...) Am Tag nach dem Fest des heiligen Laurentius verschied also diese heiligste Seele, um mit dem Lorbeerkranz des ewigen Siegespreises gekrönt zu werden.

(KQ – Thomas von Celano, Leben der hl. Klara, 45f.)

Das Leiden der Geschöpfe und das Leiden Christi

Krankheit, Drangsal, Tod – auch das gehört zur Schöpfung. Der Apostel Paulus hat im Römerbrief geschrieben: „Die gesamte Schöpfung seufzt und liegt in Wehen“ (Röm 8,22). Die Verletzungen und Brüche der Natur schreien zu Gott. In den Biographien des heiligen Franziskus wird erzählt, dass er mitunter einen Wurm von der Straße aufgehoben hat. Man kann darüber lächeln und es wiederum als schwärmerische, naive Naturromantik abtun. Nein, das ist es nicht! Franziskus erinnert an den Psalm 22. Es ist jener Psalm, den Jesus am Kreuz gebetet hat: „Mein Gott, mein Gott, warum hast du mich verlassen?“ Und weiter heißt es dort: „Ich bin ein Wurm und kein Mensch, der Leute Spott, vom Volk verachtet.“ Der Wurm – ein Sinnbild des leidenden Christus. Die gequälte Schöpfung – ein Sinnbild des gequälten Gottes. Und der Schrei am Kreuz – auch der Schrei der Schöpfung. Das Leiden der Geschöpfe im Leiden Christi finden. Das ist für Franziskus ein Element seiner Passionsfrömmigkeit. Wie aktuell ist diese Weise des Gebetes! Sind wir nicht aufgerufen, als betende Gemeinde mit der und für die Schöpfung vor Gott zu treten? Aber auch, dafür zu kämpfen, dass unsere Schöpfung befreit wird von der Sklaverei der Ausbeutung?

Wenn ich heute erfahren würde,
dass mir noch ein Jahr zum Leben bleibt,
wie würde ich diese Zeit gestalten wollen?

Für welche Begegnungen in meinem Leben
bin ich besonders dankbar? Welche sind mir
in schmerzlicher Erinnerung?

Welche Erfahrungen und Erkenntnisse meines Lebens
sind mir so wichtig, dass ich sie über meinen Tod
hinaus den Menschen, die mir nahestehen,
weitergeben möchte?

Wie, wo und unter welchen Umständen
möchte ich sterben?

Was möchte ich Gott als Erstes sagen, wenn ich
ihm von Angesicht zu Angesicht begegne?

Evangelium leben

Franziskus liest das Evangelium

Sie machten sich des Morgens auf, zusammen mit noch einem anderen namens Petrus, der ebenfalls Bruder werden wollte, und kamen zur Kirche S. Nicolo am Marktplatz der Stadt Assisi. Dort traten sie ein, um zu beten; denn sie waren einfältig und wussten nicht, wie sie das Wort des Evangeliums vom Verzicht auf die Welt finden sollten. Deshalb beteten sie voll Hingabe zum Herrn, er möge ihnen beim ersten Öffnen des Buches gnädig seinen Willen kundtun. Nach dem Gebet ergriff der selige Franziskus das geschlossene Buch, kniete vor dem Altar nieder und öffnete es. Beim ersten Öffnen stieß er auf jenen Rat des Herrn: „Willst du vollkommen sein, geh und verkaufe alles, was du hast, und gib es den Armen, und du wirst einen Schatz im Himmel haben!" Als der selige Franziskus dies erfahren hatte, freute er sich sehr und sagte Gott Dank. Weil er aber ein wahrer Verehrer der Dreifaltigkeit war, wollte er eine dreimalige Bestätigung erfahren und öffnete das Buch ein zweites und ein drittes Mal. Beim zweiten Mal fand er das Wort: „Nehmt nichts mit auf den Weg ..." usw. Beim dritten Mal: „Wer mir nachfolgen will, verleugne sich selbst ..." usw. Der selige Franziskus sagte bei jedem Öffnen des Buches Gott Dank für die Bestä-

tigung seines Vorsatzes und längst gehegten Wunsches, die ihm dreimal durch göttliche Fügung gewährt und bedeutet wurde. Darauf sprach er zu den genannten Männern Bernhard und Petrus: „Brüder, das ist das Leben und die Regel für uns und für alle, die sich unserer Gemeinschaft anschließen wollen. Geht also hin und erfüllt, wie ihr gehört habt!" (...) Von jener Stunde an lebten sie mit ihm zusammen nach der ihnen vom Herrn gezeigten Form des heiligen Evangeliums.

(FQ – Die Dreigefährtenlegende 28f.)

Ehrfurcht vor dem Geschriebenen

Wenn er (Franziskus) irgendwo, sei es auf der Straße oder in einem Hause oder auf dem Boden, etwas Geschriebenes fand, egal, ob Gottes- oder Menschenwort, so hob er es mit der größten Ehrfurcht auf und legte es an einen heiligen oder wenigstens sauberen Ort nieder; er tat dies aus der Sorge, es könnte der Name des Herrn oder ein auf ihn sich beziehendes Wort darauf geschrieben sein (...). Und was noch verwunderlicher ist: Wenn er Grußbotschaften oder Ermahnungen schreiben ließ, gestattete er nicht, dass ein Buchstabe oder eine Silbe ausgetilgt werde, mochten sie auch oft überflüssig sein oder an unrechter Stelle stehen.

(FQ – Thomas von Celano, Erste Lebensbeschreibung des hl. Franziskus 82)

Worte sind für Franziskus heilig, ganz gleich, ob sie sakraler oder profaner Art sind, denn jedes von ihnen verweist auf das ewige Wort Gottes, durch das alles geschaffen ist, aus dem die Geschöpfe leben und in dem sie ihre Vollendung finden. Darum ist es für Franziskus selbstverständlich, dass er mit Worten sorgfältig und ehrfürchtig umgeht. Dies gilt in besonderer Weise für das Sprechen über und mit Gott. Es wird berichtet, dass er erzitterte und seine Brüder aufforderte, sich mit ihm bis zur Erde zu verneigen, wenn er den Namen „Jesus“ auch nur hörte.

Die Ehrfurcht vor dem Wort Gottes und vor jedem Wort wirkt sich auch auf den zwischenmenschlichen Bereich aus und wird dort wirksam. Darum fordert Franziskus seine Brüder im 11. Kapitel der nicht-bullierten Regel auf, den sprachlichen Ausdruck ihres Verhaltens zueinander und zu den Menschen insgesamt zu kontrollieren und zu korrigieren. „Sie sollen sich hüten, zu verleumden und sich in Wortgezänke einzulassen.“ – „Sie sollen nicht untereinander oder mit anderen herumstreiten, sondern bemüht sein, demütig zu antworten ...“ (vgl. Tit 3,2).

Nicht zuletzt macht Franziskus auf den inneren Zusammenhang zwischen Sprechen und Schweigen aufmerksam. Alle Worte erhalten ihre Gültigkeit aus der schweigenden Aufmerksamkeit für das Wort Gottes. Darum mahnt Franziskus seine Brüder, sie „sollen bemüht sein, Schweigen zu bewahren, wann immer ihnen Gott die Gnade geben wird.“

Bausteine für ein Leben nach dem Evangelium

Du bist einmalig. In dir steckt eine Idee Gottes.
Dein Leben ist die Geschichte der Begegnung mit ihm.

Du brauchst aus deinem Leben kein Programm machen.
Du bist wandelbar. Sieh das Jetzt und das Heute.
Verändere, was du kannst. Überlasse Gott,
was nicht verändert werden kann.

Vor Gott brauchst du keine Maske aufsetzen und
keine Rolle spielen. Zeige dich, wie du bist, ursprünglich
und echt. Bringe dein ganzes Leben vor ihm zur Sprache.

Alle Dinge haben ihre Sprache: die Materie, die Pflanzen,
die Tiere, die Menschen. Betrachte die Geschöpfe als
Spiegelbilder Gottes. Geh mit ihnen um
wie mit Geschwistern.

Mache dich nicht abhängig von den Dingen,
die du hast oder nicht hast. Fixiere dich nicht auf Wünsche,
die dich unfrei machen.

Denke und handle positiv. Glaube an die Energien,
die in dir stecken. Glaube an die Fähigkeit aller Menschen,
zu lernen und sich auf das Gute einzulassen.
Blockiere Gottes Tun nicht durch deinen Unglauben.

Begegne im Wort Gottes dem lebendigen Christus.
Fühle dich persönlich angesprochen.
Verstehe die Bibel als das Drehbuch der Geschichte Gottes mit den Menschen. Suche deine Rolle und bringe das Spiel deines Lebens mit ein.

Weiche dem Schmerz des Lebens nicht aus.
Dein Kreuz kann dich reifer machen und gibt dir die Chance, mitzutragen am Kreuz Christi.

Lebe solidarisch in der konkreten Kirche.
Stelle deine Fragen und benenne die Unglaubwürdigkeiten mit Namen. Aber grenze weder dich noch andere aus.

Widersetze dich jeder Form von Gewalt.
Achte auf die kleinen Verletzungen bei dir selbst und bei anderen. Sie sind meist der Anfang der Kette von Minderwertigkeitsgefühlen und Aggressionen.
Habe den Mut, erste Schritte zu tun, und warte nicht, bis andere auf dich zukommen.

Welche Worte sind für mich heilige Worte?

Welche Gedanken kommen mir, wenn ich lese, wie Franziskus und seine Brüder die Bibel befragt haben?

Welche Worte von Menschen fallen mir ein, die für mein Leben besonders ermutigend und tragend sind?

Welche Botschaften des Evangeliums sind für mich besonders aktuell?

Teil 3 – **Gebete und Liturgien**

Kleine Schule des Gebetes

Beten mit Franziskus

Stille

Franziskus zieht sich immer wieder zurück. Auf den Bergen und in den Höhlen führt er ein Leben als „Einsiedler auf Zeit".

Gebet braucht Stille. Darum ist es hilfreich, sich bewusst vor störenden Einflüssen ins Schweigen zurückzuziehen und sich ungeschützt der Gegenwart Gottes auszusetzen.

Leib

Franziskus schreibt: *Lasst uns (...) Gott den Herrn lieben, der uns allen den ganzen Leib, die ganze Seele, das ganze Leben geschenkt hat und schenkt.*
(FQ – Nicht-bullierte Regel, Kap. 23,8)

Das Gebet bezieht auch den Leib ein. So kann ich das, was ich empfinde und erfahre, vor Gott in einer Geste oder einer Gebärde ausdrücken. Ich kann stehen, gehen, sitzen, knien, mich verneigen, meine Hände öffnen, mich ausstrecken oder mich auf die Erde legen. Oft „spricht" mein Leib wahrhaftiger als meine Worte.

Wirklichkeit
Franziskus sieht die Welt in ihrer Schönheit und in ihrem Elend. Immer ist sie ihm ein „Gleichnis des Allerhöchsten". Die Wirklichkeit, Dinge unseres Alltags und die Ereignisse dieses Tages, sind der geeignete „Stoff" unserer Gebete. Wenn wir uns berühren lassen von den Fragen der Menschen und der Welt, wenn wir die Erfahrungen des Alltags mit liebenden Augen sehen, dann werden alle Dinge durchsichtig auf Gott hin.

Evangelium
Franziskus befragt das Evangelium in entscheidenden Situationen wie einen geistlichen Begleiter oder einen Regisseur, der seinen Lebensentwurf „in Szene setzt". Das Evangelium ist für uns ein „Gesprächspartner". Die tiefen Bilder sprechen zu uns und zeigen uns den nächsten Schritt des Weges.

Hingabe

Franziskus lädt ein zum Gebet *„aus ganzem Herzen, aus ganzer Seele, aus ganzer Gesinnung, aus aller Kraft und Stärke, mit ganzem Verstand, mit allen Kräften, mit ganzer Anstrengung, mit ganzer Zuneigung, mit unserem ganzen Inneren, mit allen Wünschen und aller Willenskraft"*.
(FQ – Nicht-bullierte Regel, Kap. 23,8)

Nicht die Wahl der Worte, nicht die Kunst der Konzentration, sondern die Hingabe an Gott macht den Wert des Gebetes aus.

Wiederholung

Franziskus spricht oft ein einziges Wort als Gebet (wie ein Mantra), z. B.: „Jesus" – „Mein Gott und mein alles" …
Oft genügt ein einziges Wort oder ein einziges Bild oder ein einziger Gedanke, um sich ins Gebet zu vertiefen. Dies schützt uns vor Zerstreuung. Wir lassen das Wort, das Bild, den Gedanken immer wieder in uns aufsteigen, bringen es „zum Klingen", lassen es stark werden und bleiben so in der Gegenwart Gottes.

Beten mit Klara

Beten gehört zum Wesen des Menschen
Beten ist im Verständnis der heiligen Klara etwas so Selbstverständliches wie Essen, Trinken und Atmen. Darum hat alles Platz im Raum des Gebetes: Gedanken, Gefühle, Freude, Schmerz, Angst, Leidenschaft, Alltag. Weil Gott Mensch geworden ist, gibt es nichts, was er nicht versteht.

Beten ist zuerst Gnade, dann Tun
Im Gebet ist unsere Seele ein Gefäß, die sich von Gott erfüllen lässt. Darum ist Beten zuerst Hören, dann Reden, zuerst Gotteswerk, dann Menschenwerk.

Beten braucht Raum und Zeit, Übung und Kultur
Beten ist Beziehung und will sorgfältig gepflegt werden. Es braucht den Raum des Schweigens und die Stütze der Gemeinschaft. Es braucht auch Disziplin und Ausdauer, damit in Zeiten der Dürre das Gebet nicht erstirbt.

Beten braucht das Alleinsein und die Gemeinschaft
Die persönliche Kontemplation und das gemeinsam gesprochene Stundengebet ergänzen sich. Die mystische Gotteserfahrung wird durch die Gemeinschaft und durch die tätige Liebe geerdet.

Beten geht von außen nach innen und von innen nach außen
Der Weg des Gebetes führt zuerst nach innen hin zur mystischen Einswerdung mit Christus. Er führt dann von der Mitte nach außen zur Gemeinschaft und zur Welt. Das Gebet nimmt Maß an Jesu Wort: „Was ihr für einen meiner geringsten Brüder getan habt, das habt ihr mir getan“ (Mt 25,40).

Beten ist ein Heilungsweg
Wer sich im Gebet auf Jesus einlässt, ist bereit, sein Ego aufzugeben und sich in die Gestalt Christi verwandeln zu lassen. Das Gebet ist ein (manchmal schmerzlicher) Läuterungsweg: Unter den Augen Jesu werden wir nach und nach zu den Menschen, die wir im Bild Gottes immer schon sind.

Die Mitte des Gebetes ist der lebendige Christus
Kontemplation bedeutet die Seele zum Raum werden lassen, in dem Christus wohnt. Klara sagt dies in ihrer Sprache so: Beten bedeutet Braut, Mutter und Schwester Jesu werden.

Das Du-Gebet des Franziskus

Franziskus hat im Jahr 1224 an Bruder Leo, der in einer tiefen Depression steckte, ein Textblatt mit dem Segen Aarons und mit dem Gebet „Lobpreis Gottes“ geschickt. Dies ist ein Gebet, das von der Schwermut heilen und zu einer echten Gebetskultur verhelfen kann.

Wir lassen Franziskus und Leo in einem fingierten Briefwechsel ins Gespräch kommen und tasten uns so an dieses große Gebet heran.

Lieber Bruder Francesco,
ich wende mich an dich, um dir meine Not zu offenbaren. Das Beten macht mir immer größere Schwierigkeiten. Eine dicke Mauer ist zwischen Gott und mir. Ich bin sprachlos und fühle mich wie gelähmt. Wenn ich mich in eine Kirche setze und die Stille suche, dann kommen mir Zweifel: Hört Gott mir überhaupt zu? Hat er ein Interesse an mir? – Quälende Gedanken schießen mir durch den Kopf. Ich bin überall, nur nicht bei Gott.
Dann wieder falle ich auf meine Fehler zurück. Meine Schuld klagt mich an. Ich falle in das bodenlose Gefühl, nichts wert zu sein. Die Angst lähmt mich, ob ich es überhaupt wagen darf, mit Gott zu reden.
In meiner Not komme ich zu dir, Francesco, und bitte dich um Hilfe.
Dein Bruder Leo

Lieber Bruder Leo,
deine Not kann ich gut verstehen. Oft ging es mir so wie dir. Ich habe im Gebet lange keinen Frieden gefunden und war ganz verzweifelt.
Aber glaube mir, es ist nicht nur die Zerstreuung des Geistes, die dich plagt. Auch nicht nur die Angst, Gott könnte dich nicht hören. Deine Not sitzt tiefer. Ich glaube, du bist dir selbst im Weg. Du schaust beim Beten zu sehr auf dich. Die Angst, nichts wert zu sein, lähmt dich. Die Sorge um dein Leben ist die Mauer, die dir den Blick auf Gott verwehrt. Es geht dir wie jenem Mann, der von seinem Freund eingeladen war. Beim Betreten des Hauses, in dem der Gastgeber wohnte, befiel ihn die Angst, er könnte nicht schön genug angezogen sein. Dann machte er sich Sorgen, sein Gastgeschenk sei nicht gut genug. Vor lauter Kummer senkte er den Blick zu Boden und merkte nicht, dass sein Freund in der Tür stand und auf ihn wartete.
So, lieber Bruder Leo, gehen viele Menschen zu Gott ins Gebet. Sie schauen auf ihre Nöte und bleiben bei sich selbst. Sie haben zu sehr ihre eigenen Fehler und Probleme im Blick und können darum nicht wahrnehmen, dass Gott auf sie wartet.
Wenn du betest, mach es anders. Schaue weg von dir. Lass deine Angst und Schuld. Geh unbekümmert zu Gott und sag: Da bin ich. – Freue dich an ihm. Staune über seine Schönheit. Gib ihm Namen, wie sie ein Liebender für den Geliebten ausdenkt. Oder sage einfach immer wieder nur Du zu ihm.
Dann, Bruder Leo, wirst du Frieden im Gebet finden. Du wirst dich in der Nähe Gottes spüren und wissen: Für ihn

ist wichtig, dass du da bist. Nicht aber, wie du aussiehst und was du mitbringst.
Ich selbst, Bruder Leo, habe die Not des Betens durchlitten. Ich habe allmählich den Schritt gewagt, ohne Angst von mir wegzusehen und mich ganz auf das Du Gottes einzulassen. Nach und nach kamen mir Gebete in den Sinn und über die Lippen, die Gott unablässig loben. Ich habe diese Worte aufgeschrieben und diesem Gebet die Überschrift „Lobpreis Gottes" gegeben. Ich nenne diesen Text auch mein „Du-Gebet", weil sich alle Worte um dieses schöne kleine Wort Du bewegen. Ich möchte dir dieses Gebet schenken. Trage es einfach mit dir. Lies es und denke dir neue Namen für Gott aus.
Bruder Leo, ich wünsche dir die Nähe Gottes und den Frieden!
Dein Bruder Francesco

Lobpreis Gottes

Du bist der heilige Herr, der alleinige Gott,
der du Wunderwerke vollbringst.
Du bist stark, du bist groß.
Du bist der Höchste.
Du bist allmächtig.
Du heiliger Vater, König des Himmels und der Erde.
Du bist dreifaltig und einer, Herr, Gott der Götter.
Du bist das Gute, jegliches Gut, das höchste Gut,
der Herr, der lebendige und wahre Gott.
Du bist die Liebe, die Minne.
Du bist die Weisheit.
Du bist die Demut.

Du bist die Geduld.
Du bist die Schönheit.
Du bist die Sicherheit.
Du bist die Ruhe.
Du bist die Freude und Fröhlichkeit.
Du bist unsere Hoffnung.
Du bist die Gerechtigkeit und das Maß.
Du bist alles, unser Reichtum zur Genüge.
Du bist die Schönheit.
Du bist die Sanftmut.
Du bist der Beschützer.
Du bist unser Wächter und Verteidiger.
Du bist die Stärke.
Du bist die Zuflucht.
Du bist unsere Hoffnung.
Du bist unser Glaube.
Du bist unsere Liebe.
Du bist unsere ganze Wonne.
Du bist unser ewiges Leben:
großer und wunderbarer Herr,
allmächtiger Gott, barmherziger Retter.

(FQ – Lobpreis Gottes)

Der Kontemplationsweg Klaras

Klara zeigt im dritten Brief an ihre Freundin Agnes von Prag einen Weg der Kontemplation, der bis heute hilfreich und gültig ist. Sie schreibt:

Stelle Dein Denken vor den Spiegel der Ewigkeit,
stelle Deine Seele in den Abglanz der Herrlichkeit,
stelle Dein Herz vor das Bild der göttlichen Wesenheit,
und forme Deine ganze Person
durch die Beschauung in das Bild seiner Gottheit um,
damit Du empfindest, was seine Freunde empfinden,
wenn sie die verborgene Süße verkosten,
die Gott selbst von Anbeginn für die aufbewahrt hat,
die ihn lieben.

Liebe jenen mit ganzer Hingabe,
der sich um Deiner Liebe willen ganz hingeschenkt hat.
Seine Schönheit bewundern Sonne und Mond,
seine Belohnungen sind unvergleichlich kostbar
und in ihrer Größe ohne Grenzen.
Ihn meine ich, den Sohn des Allerhöchsten,
den die Jungfrau gebar und nach dessen Geburt
sie Jungfrau blieb.

(KQ – Dritter Brief an Agnes von Prag 12–17).

Klara zeigt in diesem Brief ihren eigenen mystischen Weg. Ihre Gottsuche kennt zwei Grundbewegungen.

Die erste: Betend stellt sich Klara in die Gegenwart Gottes.

Im „Spiegel der Ewigkeit“ bekommen unsere Gedanken, Worte und Begriffe das Gewicht, das ihnen wirklich zusteht.

In Gottes Gegenwart werden auch die Bewegungen unserer Seele, die Emotionen, Stimmungen und psychischen Prägungen geläutert und geheilt.

Wenn Gott unsere Herzmitte berührt und bewohnt, werden wir von diesem innersten Punkt her lebendig.

Die zweite: Betend nimmt Klara das Bild und die Gestalt Christi in sich auf.

Im Christus-Dialog geschieht ein fließendes Geben und Nehmen, ein Sich-beschenken-Lassen und Sich-Hingeben.

Das Leben Jesu wird zum Bild, das uns verwandelt.

Es lässt unsere Existenz zu einem mütterlichen Schoß werden, der Christus aufnimmt und „gebiert“.

Morgen-Gebete

Am Morgen, wenn die Sonne aufgeht,
sollte jeder Mensch Gott loben, der sie geschaffen hat,
da durch sie unsere Augen am Tage erleuchtet werden.
Abends, wenn es Nacht wird,
sollte jeder Mensch Gott loben wegen des anderen Geschöpfes,
des Bruders Feuer,
da durch dieses unsere Augen in der Nacht erleuchtet werden.
Wir alle sind wie Blinde
und der Herr erleuchtet durch diese beiden Geschöpfe
unsere Augen.
Wegen dieser und seiner anderen Geschöpfe,
deren wir uns täglich bedienen,
müssen wir ihn, den glorreichen Schöpfer,
deshalb immer ganz besonders loben.

(FQ – Sammlung von Perugia 84,30–34)

Der Tag ist erwacht.
Licht hat die Dunkelheit verdrängt.
Ich sehe, wie die Welt sich zeigt.
Ich finde mich selbst.
Ich danke dir, Herr, für den gesunden Schlaf.
Die Nacht hat meine Gefühle beruhigt
und meine aufgeregten Gedanken
zum Schweigen gebracht.
Ich danke dir für das Erwachen,
für das Strecken und Bewegen,
für das Wasser und das Frühstück
und für den „Guten Morgen“, den man mir wünscht.
Was wird dies für ein Tag?
Welche Aufgaben werden mich fordern?
Was wird mich freuen?
Was wird mir Angst machen?
Ich ahne, dass mir viel Neues begegnen wird.

Herr, der heutige Tag liegt vor mir
wie eine Straße.
Zeige mir, welche Schritte ich tun soll,
nicht nur Fuß für Fuß,
sondern Wort für Wort,
Hand für Hand,
Herz für Herz
und Mensch für Mensch,
wie wir uns treffen
auf unserer Straße.

(Claudius Groß)

Danke für diesen Tag!

Sei Vertrauen denen, die Angst haben;
Kraft denen, die sich diesem Tag nicht gewachsen fühlen;
Licht denen, die nur noch schwarz sehen;
Hoffnung denen, die nicht weitersehen.
Danke für diesen Tag!
Sei Freude denen, die in Trauer sind.
Heil denen, die geschunden sind.
Freiheit denen, die gefangen sind.
Friede denen, die auf Rache sinnen.
Danke für diesen Tag!
Sei Weg für uns, wo wir gefährdet sind.
Wahrheit für uns, die wir auf der Suche sind.
Leben für uns, die wir so hungrig sind.
Liebe für uns, die wir voll Sehnsucht sind.
Danke dir schon jetzt!

(Claudius Groß)

Dieser Tag heute ist ein langer Weg,
der mich einlädt,
dass ich ihn beschreite.
Du, Gott, gibst mir Orientierung und Kraft,
ihn geraden Schrittes zu gehen.

Dieser Tag heute ist ein weißes Blatt,
das vor mir liegt,
dass ich es beschrifte.
Du, Gott, führst meinen Geist,
dass meine Worte wahr sind.

Dieser Tag heute ist ein weites Feld,
das sich ausbreitet,
um von mir bestellt zu werden.
Du, Gott, gibst meinen Samenkörnern Wachstum,
dass ich reiche Frucht ernte.

Abend-Gebete

Ein Tag liegt hinter mir, Herr.
Eine kleine Spanne Zeit,
aber wichtig und entscheidend.
Vieles war belanglos an diesem Tag.
Ich werde es wieder vergessen.
Aber tief drinnen in mir
werden Eindrücke und Empfindungen bleiben.
So prägt mich jeder Tag.
Danke!

Lass mich dankbar sein für alles,
was mir Mut gemacht hat.
Lass mich verkraften, was schwer war,
und vergeben, was mich gekränkt hat.
Ich spüre, dass ich am Ende dieses Tages
selbst um Vergebung bitten muss.
Ich danke dir für dein Erbarmen.
Ich danke allen, die mich trotz meiner Fehler annehmen.

Ich danke dir, Gott,
für den vergangenen Tag.
Ich war gesund,
konnte atmen und essen.
Auf dem Weg des Lebens
bin ich gemeinsam mit anderen
ein Stück weitergegangen.
Ich danke dir für meine Weggefährten.
Auch für meine Gegner danke ich dir.
Sie korrigieren mich, fordern mich heraus.
Du zeigst mir, was Liebe wirklich ist:
Hass verwandeln,
Missverständnisse aufdecken,
wieder einen Anfang machen.
Ich blicke an diesem Abend auf das Kreuz Jesu:
Er ist das Abenteuer der Liebe eingegangen
bis zum Äußersten.
Das macht mich dankbar und gibt mir Mut,
morgen neu zu beginnen.

Wir bitten dich, Herr, um eine ruhige Nacht.
Was heute war, geben wir dir:
das Gute und das Böse.
Vergib unsere Schuld.
Mache unsere Arbeit
und die Zeichen der Menschlichkeit
zum Segen für diese Erde und ihre Bewohner.
Wir denken an alle,
die vor Angst nicht schlafen können.
Wir denken an die Kranken und Sterbenden.
Unser Gebet gilt denen,
die verzweifelt sind über diesen Tag.
Unser Gebet verbindet uns
mit den Leidtragenden in der ganzen Welt.

Herr, ich lege diesen Tag dankbar zurück
in deine Hände.
Du weißt um alles, was mir geglückt
und was mir misslungen ist.
Alles, was heute war, soll in dir ruhen,
und alle, mit denen ich heute gelebt habe,
sollen wie ich in deinem Frieden geborgen sein.
Danke, Herr,
dass du über uns allen wachst
und bleibst mit uns in Ewigkeit.
Amen.

(Claudius Groß)

Franziskus-Gebete

Höchster, glorreicher Gott,
erleuchte die Finsternis meines Herzens
und schenke mir rechten Glauben,
sichere Hoffnung
und vollkommene Liebe.
Gib mir, Herr, das rechte Empfinden und Erkennen,
damit ich deinen heiligen und wahrhaften Auftrag erfülle.
Amen.

(FQ – Gebet vor dem Kreuzbild von San Damiano)

Allmächtiger, heiligster,
erhabenster und höchster Gott,
heiliger und gerechter Vater,
Herr, König des Himmels und der Erde,
wir sagen dir Dank um deiner selbst willen,
weil du durch deinen heiligen Willen
und durch deinen einzigen Sohn mit dem Heiligen Geiste
alles Geistige und Körperliche geschaffen und uns,
geformt nach deinem Bild und Gleichnis,
ins Paradies gestellt hast.
Und durch unsere eigene Schuld sind wir gefallen.
Und wir sagen dir Dank,
weil du, gleichwie du uns durch deinen Sohn erschaffen hast,
so durch deine wahre und heilige Liebe,
mit der du uns geliebt hast,
ihn selbst als wahren Gott und wahren Menschen
aus der glorreichen, seligsten immerwährenden Jungfrau,
der heiligen Maria, hast geboren werden lassen,
und weil du durch sein Kreuz und sein Blut und seinen Tod
uns, die gefangen waren, hast erlösen wollen.

(FQ – Nicht-bullierte Regel, Kap. 23,1–3)

Lasst uns alle aus ganzem Herzen,
aus ganzer Seele, aus ganzer Gesinnung,
aus aller Kraft und Stärke,
mit ganzem Verstand,
mit allen Kräften,
mit ganzer Anstrengung,
mit ganzer Zuneigung,
mit unserem ganzen Inneren,
mit allen Wünschen und aller Willenskraft
Gott den Herrn lieben,
der uns allen den ganzen Leib,
die ganze Seele und das ganze Leben geschenkt hat
und schenkt;
der uns erschaffen hat, erlöst hat
und uns einzig durch sein Erbarmen retten wird,
der uns Elenden und Armseligen,
Üblen und Verweslichen, Undankbaren und Bösen
alles Gute erwiesen hat und erweist.

(FQ – Nicht-bullierte Regel, Kap. 23,8)

Wir beten dich an,
Herr Jesus Christus,
hier und in allen deinen Kirchen
auf der ganzen Welt
und wir preisen dich,
weil du durch dein heiliges Kreuz
die Welt erlöst hast.

(FQ – Das Testament 5)

Jegliche Kreatur,
die im Himmel, auf der Erde,
im Meer und in den Tiefen ist,
soll Gott Lob, Herrlichkeit, Ehre und Preis erweisen,
weil er unsere Kraft und Stärke ist,
er, der allein gut ist, allein der Höchste, allein allmächtig,
bewundernswert, herrlich und allein heilig,
lobwürdig und gepriesen durch die unendlichen Ewigkeiten
der Ewigkeiten.
Amen.

(FQ – Der erste Brief an die Gläubigen 61f.)

Höchster, allmächtiger, guter Herr,
dein sind das Lob, die Herrlichkeit und Ehre
und jeglicher Segen.
Dir allein, Höchster, gebühren sie,
und kein Mensch ist würdig, dich zu nennen.

Gelobt seist du, mein Herr,
mit allen deinen Geschöpfen,
zumal dem Herrn, Bruder Sonne,
welcher der Tag ist und durch den du uns leuchtest.
Und schön ist er und strahlend mit großem Glanz,
von dir, Höchster, ein Sinnbild.

Gelobt seist du, mein Herr,
durch Schwester Mond und die Sterne;
am Himmel hast du sie gebildet,
klar und kostbar und schön.

Gelobt seist du, mein Herr,
durch Bruder Wind und durch Luft und Wolken
und heiteres und jegliches Wetter,
durch das du deinen Geschöpfen Unterhalt gibst.

Gelobt seist du, mein Herr,
durch Schwester Wasser,
gar nützlich ist es und demütig und kostbar und keusch.

Gelobt seist du, mein Herr,
durch Bruder Feuer,
durch das du die Nacht erleuchtest;
und schön ist es und fröhlich und kraftvoll und stark.

Gelobt seist du, mein Herr,
durch unsere Schwester, Mutter Erde,
die uns erhält und lenkt
und vielfältige Früchte hervorbringt
und bunte Blumen und Kräuter.

Gelobt seist du, mein Herr,
durch jene, die verzeihen um deiner Liebe willen
und Krankheit ertragen und Drangsal.
Selig jene, die solches ertragen in Frieden,
denn von dir, Höchster, werden sie gekrönt.

Gelobt seist du, mein Herr,
durch unsere Schwester, den leiblichen Tod;
ihm kann kein Mensch lebend entrinnen.
Wehe jenen, die in tödlicher Sünde sterben.
Selig jene, die er findet in deinem heiligsten Willen,
denn der zweite Tod wird ihnen kein Leid antun.

Lobt und preist meinen Herrn
und dankt ihm und dient ihm mit großer Demut.

(FQ – Sonnengesang)

Sei gegrüßt, Herrin,
heilige Königin, heilige Gottesmutter Maria,
die du bist Jungfrau, zur Kirche geworden
und erwählt vom heiligsten Vater im Himmel,
die er geweiht hat mit seinem heiligsten, geliebten Sohn
und dem Heiligen Geiste, dem Tröster,
in der war und ist alle Fülle der Gnade und jegliches Gute.

Sei gegrüßt, du sein Palast.
Sei gegrüßt, du sein Zelt.
Sei gegrüßt, du seine Wohnung.
Sei gegrüßt, du sein Gewand.
Sei gegrüßt, du seine Magd.
Sei gegrüßt, du seine Mutter.
Und seid gegrüßt, ihr heiligen Tugenden alle,
die ihr durch die Gnade und Erleuchtung des Heiligen Geistes
in die Herzen der Gläubigen eingegossen werdet,
um aus Ungläubigen Gott getreue Menschen zu machen.

(FQ – Gruß an die selige Jungfrau Maria)

Klara-Gebete

Klara von Assisi hat uns keine schriftlichen Gebete hinterlassen, aber ihre Regel, ihre Briefe und ihr Testament atmen den Geist der Kontemplation und des Gebetes. Die folgenden Texte sind ein Versuch, Teile aus ihren Schriften als Gebete auszudrücken.

Glorreicher Gott, wir sagen Dir größten Dank
für die verschiedenen Gnadengaben,
die wir von Dir, unserem freigebigen Spender,
dem Vater der Erbarmungen,
empfangen haben und noch täglich empfangen.
Besonderen Dank sagen wir Dir für unsere Berufung,
denn sie ist groß:
Jesus selbst, Dein Sohn, ist unser Weg geworden.
Herr, Du hast uns aufgestellt als Beispiel und Spiegel
füreinander und für die Menschen,
die uns in der Welt begegnen.

Aufgabe unseres Lebens ist, dass Menschen sich
spiegeln können in uns
und selbst werden zu Spiegeln und Beispielen für andere.
Groß ist diese Berufung, Herr,
und so preisen wir Dich mit großem Lob.
Wir bitten Dich um die Kraft, dass wir das Gute,
das wir tun sollen,
auch tun können.

(Freie Übertragung von Motiven nach: KQ – Das Testament der hl. Klara 1–5)

Glorreicher Gott, Dir sagen wir Dank:
für das Geschenk unserer Berufung,
für die unendlichen Wohltaten,
für die Führung durch Zeit und Welt,
für die Gnade der Bekehrung.

Glorreicher Gott, Dir sagen wir Dank:
für Deine überreiche Güte,
für die Erleuchtung unserer Herzen,
für Deine Barmherzigkeit,
für das Licht Deiner Gegenwart.

Glorreicher Gott, Dir sagen wir Dank:
für die Freude in Dir,
für die Liebe und Hilfe der Schwestern und Brüder,
für ihren Trost und ihre Ermunterung.
für das Geschenk eines armen und einfachen Lebens.

Glorreicher Gott, Dir sagen wir Dank:
für das Leben dessen, der uns in seiner Armut Weg wurde,
für die Demut dessen, der arm in der Krippe lag,
für das Beispiel dessen, der arm durch die Welt ging,
für die Liebe dessen, der nackt am Kreuz starb.

Glorreicher Gott, Dir sagen wir Dank:
für Jesus Christus, der unser Herr ist,
für die Liebe seiner Mutter Maria
und für die Worte und Taten unseres Bruders Franz,
für die kleine Herde, zu der Du uns in Deiner Kirche
erweckt hast.

(Freie Übertragung von Motiven nach: KQ – Das Testament der hl. Klara)

Herr Jesus Christus, ich bitte Dich
für meine Schwestern und Brüder,
für die gegenwärtigen und die kommenden:
Gib ihnen die Kraft,
den Weg der Einfalt und Armut zu gehen.
Hilf ihnen, ein Leben zu führen,
das von Dir geheiligt ist.

Herr Jesus Christus, ich bitte Dich
für meine Schwestern und Brüder,
für die nahen und für die fernen:
Lass sie den Duft eines guten Beispiels verbreiten.
Aber nicht ihre Verdienste sollen leuchten,
sondern das Erbarmen und die Gnade Gottes.
Er ist der freigebige Spender und der Vater
der Erbarmungen.

Herr Jesus Christus, ich bitte Dich
für meine Schwestern und Brüder:
Gib ihnen die Kraft, einander zu lieben mit Deiner Liebe.
Gib ihnen den Mut, die Liebe, die sie empfinden,
einander im Tun auch zu zeigen, damit die Liebe wachse
und groß werde.

Herr Jesus Christus, ich bitte Dich
für meine Schwestern und Brüder:
Lass sie bis ans Ende ausharren auf dem Weg,
den sie gewählt haben.
Bewahre sie vor gleichgültigen Gedanken,
vor nachlässigen Herzen und unwissenden Reden.
Hilf ihnen, Dir treu zu sein.

Herr Jesus Christus, ich beuge meine Knie vor Gott,
deinem und unserem Vater.
Ich bitte Dich, der Du uns
einen guten Anfang geschenkt hast:
Gib uns auch Wachstum und Gedeihen und Beharrlichkeit
bis ans Ende.
Amen.

(Freie Übertragung von Motiven nach: KQ – Das Testament der hl. Klara 17–23)

Christus, mein Licht,
glücklich bin ich,
weil Du mich aufnimmst in Deine Lebensgemeinschaft,
weil ich mit allen Fasern des Herzens Dir gehören darf.

Christus, mein Licht,
von Deiner Leuchtkraft
ist der Himmel überwältigt,
Deine Zuwendung lässt mich aufleben,
Dein Gutsein stillt meinen Hunger,
deine Liebenswürdigkeit erfüllt mich.

Christus, mein Licht,
der Gedanke an Dich macht hell mein Herz,
der Duft Deines Lebens lässt Tote lebendig werden.
Dein Anblick erfüllt mich mit tiefem Glück.
Denn Du bist der Schein von Gottes ewigem Licht.
Du bist der Spiegel ohne Trübung.

Christus, mein Licht,
in Dich, den Spiegel meines Lebens,
will ich täglich schauen,
in Dir betrachte ich mein Antlitz,
für Dich will ich mich schmücken
mit schönen Blumen
und mich bekleiden mit kostbaren Gewändern.

Christus, mein Licht,
in Dir strahlt für mich auf das Geschenk der Armut,
die Heilkraft des Gehorsams und
die unaussprechliche Liebe
in der Hingabe an Gott.

(Freie Übertragung von Motiven nach: KQ – Vierter Brief an Agnes von Prag, 2)

Lob-Gebete

Lob dir, Gott!

Meine Seele weiß oft nicht, wie ihr geschieht.
Verletzt ist sie, träge und launisch.
Selten erinnert sie sich an deine Zuneigung und Huld.
Du aber, Gott, du lebst in meiner Seele,
du machst sie glänzend und rein.
Du vergibst ihr die Eigensucht und Vergesslichkeit.
Du, mein Gott, schmückst meinen Leib
mit Schönheit und Lebenskraft.
Ich danke dir, Gott, dass du mich bewahrst
vor dem Untergang.
Wie oft ich vor dem Abgrund stand, weiß ich nicht.
Ich vertraue darauf, dass du mich auffängst,
immer wieder.
Angstfrei und erhobenen Hauptes
kann ich meinen Weg gehen.
Die Freiheit kann ich riskieren.
Denn du führst und begleitest mich.

(Nach Psalm 103)

Halleluja! Singt ein Lied für Gott!

Spielt eine Sinfonie mit allem, was Klang und Stimme hat.
Lobpreis und Ehre für ihn!
Jubel und Applaus, es freue sich die ganze Schöpfung,
denn groß ist unser Gott!
Lobt ihn in seinen Heiligtümern!
Lobt ihn auf geweihter Erde.
Lobt ihn im Tempel Israels.
Lobt ihn in Kirchen, Domen, Kathedralen.
Lobt ihn von hohen Minaretten.
Lobt ihn im heiligen Gral.
Lobt ihn, wo immer ihr ihn spürt.
Lobt ihn mit allem, was euch heilig ist.
Halleluja!

(Nach Psalm 149)

Du

Immer Du
Überall Du
Du in hundert Namen
Du in tausend Farben
Du in Millionen Gesichtern
Du in Milliarden Geschöpfen
Meine Worte
Sprechen dich nicht aus
Meine Gedanken
Ahnen dich nur
Allein mein Herz
Ist gewiss
Du auf dem Grund meiner Seele
Du alles in allem

Lobet den Herrn des Kosmos,
das Weltall ist sein Heiligtum
mit einem Radius von hunderttausend
Millionen Lichtjahren.

Lobt ihn,
den Herrn der Sterne
und der interstellaren Räume,
Lobt ihn,
den Herrn der Milchstraßen
und der Räume zwischen den
Milchstraßen,
Lobt ihn,
den Herrn der Atome
und der Vakuen zwischen den Atomen,
Lobt ihn
mit Geigen, mit Flöten
und Saxophon,
Lobt ihn
mit Klarinetten und Englischhorn,
mit Waldhörnern und Posaunen,
mit Flügelhörnern und Trompeten,

Lobt ihn
mit Bratschen und Violoncelli,
mit Klavieren und Pianolen,
Lobt ihn
mit Blues und Jazz
und Sinfonieorchestern,
mit den Spirituals der Schwarzen
und der „Fünften“ von Beethoven,
mit Gitarren und Xylophonen,
Lobt ihn,
mit Plattenspielern und Tonbändern,
Alles, was atmet,
lobe den Herrn,
jede lebendige Zelle,
Halleluja!

(Ernesto Cardenal, nach Psalm 150)

Wacht auf!

Mein Herz
Meine Augen
Meine Ohren
Mein Mund
Meine Sinne
Wacht auf und seid bereit
Wacht auf
Meine Gedanken
Meine Gefühle
Meine Sehnsucht
Meine Fragen
Meine Lebenskraft
Wacht auf und fangt an
Fangt an zu singen
Und stimmt ein
In den Chor des Lebens
Der Gott lobt

Bitt-Gebete

Gott, mach uns unruhig,
wenn wir selbstzufrieden sind.
Wenn wir uns am sicheren Hafen und
bereits am Ziel glauben,
wenn wir allzu dicht am Ufer entlangsegeln,
wenn wir uns damit abfinden,
dass unsere kleinen Träume sich erfüllen.
Gott, mach uns unruhig,
wenn wir über der Fülle der Dinge,
die wir haben und wollen,
den Durst nach dem Wasser des Lebens verloren haben,
wenn wir, verliebt in unsere eigenen Pläne,
aufgehört haben,
auf deinen Willen zu horchen,
wenn wir über allen Anstrengungen,
die wir für unsere Zukunft investieren,
deine Vision vom neuen Himmel
und von der neuen Erde übersehen.
Gott, rüttle uns auf, damit wir kühner werden
und uns hinauswagen auf das weite Meer,
wo uns die Stürme entgegenwehen
und wir ganz auf deinen Schutz vertrauen können,
wo wir mit schwindender Sicht

auf das Ufer die Sterne aufleuchten sehen.
Gott lass uns neu beginnen in deinem Namen,
der du die Horizonte unserer Hoffnung
weit hinausgeschoben und die Beherzten
aufgefordert hast, dir zu folgen.
Gott, lass die Liebe in uns zu einem Feuer werden,
das uns ergreift,
das alle Feigheit verbrennt und dich aufleuchten lässt,
der du das Licht bist und die Liebe.

(Gebet einer Basisgemeinde Brasiliens)

Wecke mich auf, Herr!

Wecke auf, was du angelegt in mir!
Wecke, was schlummert, was wie zu Eis gefroren
und erstarrt,
was in der Hast des Alltags vergessen, verschüttet
und verstaubt!
Wecke mich auf wie der Frühling Gräser und Blumen
zum Sprießen bringt,
die Vögel zum Singen, Käfer neu belebt und den Wald
grünen lässt!
Wecke mich auf wie Lazarus aus dem Grab!
Wie du die Ohren der Tauben, die Augen
der Blinden geöffnet
und zum Leben erweckt hast.
Wecke mich auf, Herr!
Hole herauf aus der Tiefe, was zum Lichte drängt,
was von Angst und Scham zurückgehalten
und vom trägen Herzen behindert!

Wecke mich auf, Herr! Wecke, rufe, dränge!
Locke ganz leise und sacht,
was schwach und zart, noch geborgen
in meinem Innersten!
Mit deiner Liebe, Wärme sprich es an,
wie der Sonnenstrahl den Keim in des Ackers Tiefe!
Herr, erspüre du, was ich selber nicht vernehme, nicht zu glauben wage!
Mit deiner Künstlerhand berühre meine Saiten
und lass sie schwingen, erklingen!
Spiel du in mir die Melodie,
die jedem vernehmbar wird, alle ergreift und beglückt!
Spiel das Lied, das Liebe heißt und selber Leben weckt!
(Quelle unbekannt)

Auferstandener Christus,
lass uns trinken aus der Quelle des ewigen Lebens.
Dann wird die österliche Hoffnung unserem Leben
Farbe geben.
Aus den dürren Zweigen unserer Enttäuschung
wird neues Grün aufkeimen.
Das Feuer der Begeisterung wird unsere Nacht erleuchten,
Die Leuchtspur der Auferstehung wird unsere Kreuzwege erhellen,
Wir werden Menschen finden, die das Brot mit uns teilen,
Wir werden frohen Schrittes in die neue Stadt einziehen.
Wir werden eines Geistes und eines Sinnes sein.
Auferstandener Christus,
verwandle unser Leben.

Fürbittgebet I

Gott, der du uns Mutter und Vater bist,
bewegt von Franziskus und Klara spüren wir,
dass unser Leben Leuchtkraft und Tiefe gewinnt,
wenn es in dir gründet.
Darum bringen wir es vor dich und bitten:

Für alle, die trotz der Probleme unserer modernen Zeit
ein sinnvolles und positives Leben versuchen:
Dass sie unbeirrbar in ihrer Hoffnung bleiben und
mitarbeiten an einer friedlichen Welt.

Für die Kinder und Jugendlichen, die die Zukunft
vor sich haben und viel von ihrem Leben erwarten:
Dass sie sich nicht mit den Antworten zufriedengeben,
die ihnen eine konsumorientierte Welt anbietet. Dass
sie vielmehr neue Ideen und Visionen in Kirche und
Gesellschaft einbringen.

Für unsere Kirche, das Haus, das immer der
Erneuerung bedarf:
Dass keiner in ihr rechthaberisch an seinen eigenen
Wahrheiten festhält. Dass wir uns vielmehr in Bewegung
bringen lassen von den Propheten und Heiligen
unserer Zeit.

Für unsere Mutter Erde und alle Geschwister
in Gottes Schöpfung:
Dass wir die Kraft finden, sie liebevoll zu schützen
und zu bewahren.

Für die materiell Armen, die von den Reichen abhängig
gehalten werden, aber auch für uns, die reichen Armen,
die vom wahren Leben oft nur wenig verstehen:
Dass wir alle arm werden im Sinn des Evangeliums
und lernen, miteinander zu teilen.

Für uns alle, die wir so gerne festhalten an dem,
was wir sind und haben: an unseren Lebensjahren,
unserer Vitalität, unserem Ansehen und unserer
Liebenswürdigkeit:
Dass wir wachsen in der Freiheit und Sehnsucht
nach dem, was Gott uns zu geben hat.

Höchster, glorreicher Gott,
erleuchte die Finsternis unserer Herzen
und schenke uns rechten Glauben,
gefestigte Hoffnung und vollendete Liebe.
Gib uns, Herr, das rechte Empfinden und Erkennen,
damit wir deinen heiligen und wahrhaften Auftrag
erfüllen. Amen.

Fürbittgebet II

Jesus Christus, im Vertrauen darauf,
dass du uns nahe bist,
im Glauben, dass du uns Franziskus und Klara als
Wegbegleiterin und Wegbegleiter gegeben hast,
bitten wir um deinen Geist:

Für die christlichen Gemeinden bitten wir, besonders für die hier versammelte Gemeinschaft: Entflamme uns mit dem Feuer der Begeisterung und mache uns stark in der Hoffnung auf dich.

Für unsere Zukunft bitten wir, besonders für die Kinder und die Jugendlichen: Lass uns mutige Schritte tun, dass wir der jungen Generation eine Welt hinterlassen, in der es sich zu leben lohnt.

Für die Schwestern und Brüder der Franziskanischen Familie und für alle geistlichen Gemeinschaften bitten wir: Lass sie bei allen Rückschlägen in der Liebe wachsen. Stärke ihre Berufung und sende ihnen neue Berufungen.

Für alle, die uns Gutes getan haben und tun, bitten wir: Gib uns ein dankbares Herz und lohne du, was in Güte und Wohlwollen geschieht.

Für unsere Toten bitten wir: Sei du das Licht, das ihnen leuchtet. Vergib, was sie gefehlt haben, und lass sie geborgen sein in deiner ewigen Liebe.

Jesus, unser Bruder, nimm uns bei den Händen und geh uns voran. Lass uns dir nach dem Beispiel der heiligen Franziskus und Klara mutig folgen und führe uns zu deinem Gott und zu unserem Gott, der alles in allem ist. Amen.

Eucharistie-Gebete

Nach Texten der heiligen Klara

Dank sei dir, großer Gott, Vater des Erbarmens,
du hast uns in deiner Freigebigkeit reich beschenkt.
Jesus, dein Sohn, ist unser Weg geworden.
Er, der Himmel und Erde regiert,
der sprach, und alles ist geworden,
er kam in unsere Welt, hilflos und klein.
Er, der menschgewordene Sohn Gottes,
schöner als alle Menschenkinder,
wurde, um uns zu retten, der niedrigste der Menschen
und starb in der Not des Kreuzes.
Er wollte, dass wir, die wir arm sind an Hoffnung und Liebe,
reich werden und sein Reich erben.
Darum freuen wir uns und singen in Fröhlichkeit.
Wir stimmen ein in das Loblied der ganzen Schöpfung:

Heilig ...

Von dir, guter Gott, kommt jede gute Gabe
und jedes vollkommene Geschenk.
Wir bringen dir unsere Gaben, Brot und Wein.

Auch sie sind uns von dir gegeben,
denn durch dich allein leben und sind wir.
Nimm mit ihnen unsere Bereitschaft und Hingabe.
Nimm unsere Gedanken, Worte und Werke,
nimm unseren Leib, unsere Seele und unser Herz.

Heilige durch das Wirken deines Geistes diese Gaben,
damit sie für uns werden zum Leib und Blut
unseres Herrn Jesus Christus,
der uns aufgetragen hat, dieses Geheimnis zu feiern.

Als die Stunde seines Leidens nahte,
feierte er mit den seinen das Ostermahl.
So nahm er das Brot,
sprach das Dankgebet,
brach es, reichte es den seinen und sprach:
Nehmt und esst alle davon:
Das ist mein Leib,
der für euch hingegeben wird.

Ebenso nahm er nach dem Mahl den Kelch,
dankte wiederum,
reichte ihn den seinen und sprach:
Nehmt und trinkt alle daraus:
Das ist der Kelch des neuen und ewigen Bundes,
Mein Blut, das für euch und für alle vergossen wird
zur Vergebung der Sünden.
Tut dies zu meinem Gedächtnis.

Geheimnis, des Glaubens ...

Guter Gott, dein Sohn Jesus Christus
hat für uns alle den Tod erlitten,
um uns aus der Gewalt der Finsternis zu entreißen.
Du aber hast ihn aus dem Tod erweckt;
er ist glorreich erstanden und wohnt in deiner Herrlichkeit.
Er wird wiederkommen,
um uns in das himmlische Reich zu rufen,
wo unsere Namen aufgeschrieben sind im Buch des Lebens.
Er wird die Welt befreien und die Schöpfung neu gestalten.

Voll Vertrauen treten wir vor dich
und bitten dich um deine guten Gaben:
Schenke uns den Heiligen Geist,
deine Lebenskraft, die uns hinführt
in das Land der Lebendigen.

Lass uns die Güter der Erde, die wir aus deiner Gnade empfangen,
untereinander in Liebe teilen, dass alle Menschen bekommen,
was sie zum Leben brauchen.
Lass uns einander liebevoll unsere Not offenbaren
und füreinander einstehen, wo Angst und Elend,
Krankheit und Unfriede herrschen.
Hilf uns, einander in Liebe und Hoffnung
zu begleiten auf dem Weg zu dir.

Wir bitten dich, Ewiger, für alle,
die auf ihre je eigene Weise nach dem Evangelium leben,
Wir bitten für die Kinder und die Erwachsenen,
für die in Partnerschaft Lebenden und die
Alleinstehenden,
für die Menschen in geistlichen Berufen,
für die Bischöfe und unseren Papst N. N.
Wir bitten für die Menschen,
die in den verschiedenen Konfessionen und Religionen
nach dir und dem Sinn des Lebens suchen,
und für alle, die ihre Kräfte und Talente
in ihren Kulturen und Gesellschaften einsetzen.

Gedenke jener,
die uns in das Dunkel des Todes vorausgegangen sind.
Lass sie bei dir wohnen
und in deiner ewigen Gegenwart
die Fülle des Lebens erfahren.

Lass uns alle nach diesem Leben unser Ziel finden in dir.
In Gemeinschaft mit Maria, der Mutter Jesu,
mit den Aposteln und Glaubenszeugen,
mit Schwester Klara und Bruder Franz,
mit allen, die unsere Wege im Leben und Glauben
begleiten,
lass uns einmal Platz nehmen am Tisch deines Reiches,
an den uns unser Bruder Jesus Christus geladen hat.

Durch ihn und mit ihm und in ihm ...

Nach Texten des heiligen Franziskus

Höchster, glorreicher Gott, gerechter und guter Vater,
Schöpfer des Himmels und der Erde.
Du hast uns Menschen nach deinem Bild und Gleichnis gestaltet:
Du hast uns durch deinen Sohn erschaffen und uns in ihm geliebt.
Er ist wahrer Gott und wahrer Mensch, geboren aus Maria.
Durch sein Kreuz und seinen Tod willst du uns befreien.
Er wird wiederkommen in Herrlichkeit
und uns in dein Reich rufen.
Auch heute, wo das Geheimnis deiner Liebe zu uns
sich wieder vor unseren Augen entfaltet,
vereinigen wir unseren Lobgesang
mit dem Lied all derer, die vor deinem Angesicht stehen,
und loben dich in Dankbarkeit:

Heilig ...

Guter Gott, nimm an dieses Brot und diesen Wein,
unsere Gaben, die wir dir mit reinem Herzen
und mit lauterem Sinn darbringen.
Wir überlassen uns ganz dir
und geben dir all das Gute zurück, das du uns geschenkt hast.

Du, der du allein der Heilige bist,
heilige nun dieses Brot und diesen Wein
durch die Kraft deines Sohnes
und durch das Wirken des Heiligen Geistes.
Lass sie für uns werden zum Leib und Blut deines Sohnes,
unseres Bruders Jesus Christus.

Denn als die Stunde seines Leidens nahte,
wollte er mit den seinen das Ostermahl feiern.
So nahm er das Brot, sprach das Dankgebet, brach es,
reichte es den seinen und sprach:
Nehmt und esst alle davon.
Das ist mein Leib, der für euch hingegeben wird.

Alle:
Lasst uns ihn loben und über alles erheben in Ewigkeit!

Ebenso nahm er nach dem Mahl den Kelch,
dankte wiederum, reichte ihn den seinen und sprach:
Nehmt und trinkt alle daraus:
Das ist der Kelch des neuen und ewigen Bundes,
mein Blut, das für euch und für alle vergossen wird
zur Vergebung der Sünden.
Tut dies zu meinem Gedächtnis.

Alle:
Lasst uns ihn loben und über alles erheben in Ewigkeit!

Wir erinnern uns der Liebe, die du uns geschenkt hast.
Wir preisen deine Freundlichkeit in allem,
was dein Sohn uns gesagt und für uns getan hat.
Denn in allem wollte er nur deinen Willen tun.
So gab er sich hin im Tod am Kreuz,
nach seiner Auferstehung ist er auf ewig erhöht zu deiner Rechten.
Aber wir wissen, dass er wiederkommen wird,
um deinen Frieden und deine Gerechtigkeit zu vollenden.

Alle: Lasst uns ihn loben und über alles erheben in Ewigkeit!

Gedenke, guter Gott, in dieser Stunde auch all derer,
die dir in deiner Kirche dienen:
Wir empfehlen dir unseren Papst N. N.,
die Bischöfe, Priester und Diakone,
alle Ordenschristinnen und -christen,
die Frauen und Männer, die auf deine Eingebung hin
nach der Weise des heiligen Evangeliums leben.

Segne die Armen und die Wohlhabenden,
die Regierenden und die kleinen Leute,
die Menschen auf dem Land und in den Städten.
Wir empfehlen dir alle Völker, Kulturen und Nationen.
Lass uns im wahren Glauben
und in der Nachfolge Jesu Christi treu sein.

Alle: Lasst uns ihn loben und über alles erheben in Ewigkeit!

Gedenke unserer Schwestern und Brüder,
die schon unserem Bruder, dem leiblichen Tod, begegnet sind.
Nimm sie auf in das ewige Leben.

Verleihe uns, gütiger Gott,
dass wir nach deinem Willen zu handeln vermögen,
und immer das wollen, was dir gefällt.
Lass uns durch deine Gnade fähig werden,
zu dir zu gelangen,
in Gemeinschaft mit der Gottesmutter Maria,
mit Bruder Franziskus und Schwester Klara
und mit all jenen heiligen Frauen und Männern,
die zu allen Zeiten und in allen Kulturen
den Spuren deines Sohnes,
unseres Bruders Jesus Christus, gefolgt sind.

Durch ihn ...

Friedens-Gebete

Herr, mach mich zu einem Werkzeug deines Friedens,
dass ich liebe, wo man hasst;
dass ich verzeihe, wo man beleidigt;
dass ich verbinde, wo Streit ist;
dass ich die Wahrheit sage, wo Irrtum ist;
dass ich Glauben bringe, wo Zweifel droht;
dass ich Hoffnung wecke, wo Verzweiflung quält;
dass ich Licht entzünde, wo Finsternis regiert;
dass ich Freude bringe, wo der Kummer wohnt.
Herr, lass mich trachten,
nicht, dass ich getröstet werde,
sondern dass ich tröste;
nicht, dass ich verstanden werde,
sondern dass ich verstehe;
nicht, dass ich geliebt werde,
sondern dass ich liebe.
Denn wer sich hingibt, der empfängt;
wer sich selbst vergisst, der findet;
wer verzeiht, dem wird vergeben;
und wer stirbt, der erwacht zum ewigen Leben.

(Von einem unbekannten französischen Autor,
erstmals abgedruckt in der Zeitschrift „La Clochette“ 1912)

Herr, unsere Erde
ist nur ein kleines Gestirn im großen Weltall.
An uns liegt es, daraus einen Planeten zu machen,
dessen Geschöpfe nicht von Kriegen gepeinigt werden,
nicht von Hunger und Furcht gequält,
nicht zerrissen in sinnlose Trennung
nach Rasse, Hautfarbe oder Weltanschauung.
Gib uns den Mut und die Voraussicht,
schon heute mit diesem Werk zu beginnen,
damit unsere Kinder und Kindeskinder
einst mit Stolz den Namen Mensch tragen.

(Gebet der Vereinten Nationen)

Um Frieden bitte ich, Herr, für diesen Tag.
Schärfe unser Gewissen und
mach uns bereit zur Versöhnung.
Lass uns die Wahrheit sagen und
keine faulen Kompromisse eingehen.
Mache uns kritisch gegen Rechthaberei
und das Gefühl der Überlegenheit.
Gib den Politikern Augenmaß und den Mut,
Gewalt und Krieg einzustellen.
Hilf uns Rassismus und Nationalismus zu überwinden.
Und lass nicht zu, dass der Mensch
Opfer des Menschen wird.

Großer Gott,
du bist uns wahrer Vater und wahre Mutter.
Wir danken für unser Land und für die Welt,
die Du so schön gemacht hast.
Verzeih, wenn Deine Schöpfung
durch unser Tun und Lassen verdorben wird.
Sei uns allen gnädig und schenke uns Deinen Frieden.

Begleite Du uns und unsere Familien mit Deinem Segen.
Mache sie zu einem Ort der Liebe und des Friedens.
Lass Eltern und Kinder weise und geduldig sein.
Gib uns die Kraft, dass wir aufmerksam sind
und voller Respekt achtsam und
wertschätzend miteinander umgehen.
Lass uns erkennen, wenn es an Liebe mangelt
und wir einander vernachlässigen.
Erneuere Du uns dann mit Deinem Geist.
Sei uns allen gnädig und schenke uns Deinen Frieden.

Gib uns die Kraft, das Richtige
in unserer Gesellschaft zu tun.
Hilf uns, das Böse zu unterlassen.
Lass uns für Gerechtigkeit und Wohlergehen eintreten.
Dein Friede möge in unserem Leben
und dem unserer Familien Einzug halten.
Sei uns allen gnädig und schenke uns Deinen Frieden.

Segne diejenigen, die sich für andere einsetzen
und Deinem Frieden Gewicht verleihen wollen.
Gib ihnen Kraft und Hoffnung.
Tröste die Kranken, die Geschundenen
und ungerecht Behandelten.
Sei uns allen gnädig und schenke uns Deinen Frieden.
Amen.

(Martha Aisi Elisa, Gebet für die Dekade zur Überwindung von Gewalt)

Dein Friede komme über diese Welt,
denn du hast sie uns anvertraut.
Groß ist sie und schön, edel und kostbar,
unsere Schwester und unsere Mutter.
Die Weiten des Makrokosmos,
die Strukturen des Mikrokosmos,
die Gesetze der Physik und die Wunder des Lebendigen:
du hast sie geschaffen.
Lass uns die Worte Ehrfurcht und Staunen
neu lernen und lebendig buchstabieren.
Lass uns unsere Mitgeschöpfe
in Wahrheit als Geschwister sehen:
die Kristalle und Minerale, die Sphären und Energien,
die kosmischen Räume und Lichtjahre,
die Pflanzen und Tiere.
Dein Wille, Herr, geschehe auf dieser Welt,
damit sie sich entfaltet nach deinem Bild
und in ihrer Vollendung erstrahlt
als die neue Schöpfung,
als der neue Himmel und die neue Erde,
wo du unter uns wohnen wirst.

Herr, hilf uns, unsere Waffen abzulegen:
die scharfen Worte, die bösen Blicke,
die lähmende Überheblichkeit und all das,
womit wir den täglichen Kleinkrieg führen.
Herr, gib deinen Frieden in unsere Sprache,
in unsere Hände, in unser Herz.

Segens-Gebete

Werdet im Himmel erfüllt
mit dem Segen des allerhöchsten Vaters.
Werdet auf Erden erfüllt mit dem Segen
seines geliebten Sohnes
in Gemeinschaft mit dem Heiligsten Geiste, dem Tröster,
und mit allen Kräften des Himmels und der Erde.
Und ich bestätige euch, soviel ich nur kann,
innen und außen
diesen heiligsten Segen.

(Freie Übertragung nach: FQ – Das Testament 40f.)

Unser Herr segne und behüte Dich.
Er zeige Dir sein Angesicht und erbarme sich Deiner
Er wende Dir sein Antlitz zu und schenke Dir den Frieden.
Ich bitte Jesus Christus in seinem Erbarmen,
der Vater gebe und bestätige Dir diesen seinen Segen:
hier auf der Erde gebe er Dir reiche Gnade und Wachstum in der Tugend,
dort im Himmel schenke er Dir einmal die Fülle der Freude und die Gemeinschaft mit den Heiligen.
Ich segne Dich, solange ich lebe,
und ich werde Dich segnen, wenn ich bei Gott bin.
Ich segne Dich, so gut ich es vermag und mehr,
als ich es vermag.
Ich erbitte Dir den Segen, den Gott
selbst seinen Kindern schenken will.
Erfahre meine ganze Zuwendung.
Erfahre auch meine Bitte, dass Du mit Sorgfalt bewahrst,
was Du dem Herrn gelobt hast.
Der Herr sei mit Dir zu allen Zeiten.
Und Gott gebe Dir, dass Du allezeit in ihm bleibst.
Amen.

(Freie Übertragung nach: KQ – Der Segen der hl. Klara)

Der Himmel gehe über dir auf,
Segen ströme auf dich herab.
Die Erde trage dich und gebe dir Halt.
Jesus, dein Bruder, gehe dir voraus.
Er nehme dich an der Hand
und heile deine Gebrechen.
Der Heilige Geist, Tröster und Beistand,
umhülle dich und gebe dir langen Atem.
Und der Vater, der dich geschaffen hat,
er stehe zu dir
und stärke dir den Rücken.

Segen komme über dich
und Segen komme über mich.
Der Segen des Himmels und der Segen der Erde.
Fröhliches Lachen, ehrliche Blicke, mutige Worte.
Eine starke Hand, eine tröstende Umarmung.
Nährendes Brot, friedvolles Leben.
Segen komme über dich und Segen komme über mich.
Segen aus Seiner Hand, der nichts anderes gibt
als Segen in Fülle.

Gott, segne uns:
Jeden Schritt, den wir machen,
jeden Gedanken, der uns durch den Kopf schießt,
jede Hand, die sich nach uns ausstreckt,
jedes Lachen, das über unsere Lippen kommt,
jedes Stück Erde, auf das unsere Füße treten.
Lehre uns, zu wachsen in Geduld, Reife und Gelassenheit,
lehre uns, unsere Wege zu gehen,
die Wege in das Leben und die Wege zu dir.

Wenn Segen Nähe ist
wenn Nähe Wärme ist
wenn Wärme Leben ist
wenn Leben Gottes Geschenk ist
wenn Gottes Geschenk die Liebe ist
dann wünsche ich Dir viel von Gottes Segen

wenn Segen Leben ist
wenn Leben Freude ist
wenn Freude Tanzen ist
wenn Tanzen Spielen ist
wenn Spielen Gottes Geschenk ist
dann wünsche ich Dir viel von Gottes Segen

wenn Segen Freude ist
wenn Freude auch Leid ist
wenn Leid Tod ist
wenn Tod das Ende ist
wenn das Ende der Anfang ist
wenn der Anfang Gottes Geschenk ist
wenn Gottes Geschenk die Ewigkeit ist
dann wünsche ich Dir viel von Gottes Segen.

(Kurt Weigel)

Gebetszeiten

Sie können Ihren Pilgerweg zu und an den franziskanischen Stätten besonders auch durch das vor allem in den Klöstern praktizierte Stundengebet bereichern.

Die folgenden Seiten bieten Ihnen Gebetszeiten für jeden Wochentag an. Sie eignen sich sowohl für den Tagesbeginn als auch für das Tagesende. Nach dem unten vorgeschlagenen Rhythmus lassen sich auch weitere Gebetszeiten mit anderen Texten und Gebeten aus diesem Buch zusammenstellen.

Wenn Sie in einer Gruppe beten, dann können sich beim Beten der Psalmen und der Lob- und Dankgebete zwei Halbgruppen abwechseln. Wenn Sie beim Sternchen einen Atemzug lang anhalten, erhält das Gebet viel innere Ruhe.

Die Franziskuspsalmen können auch gesungen werden (Melodie in Sonnenmusikant Nr. 114 bis 120).
Die vorgeschlagenen Gebetszeiten sind folgendermaßen aufgebaut:

1. *Kurze Stille*

2. *Eröffnung*

   V: O Gott, komm mir zu Hilfe.
   A: Herr, eile mir zu helfen.

   Ehre sei dem Vater und dem Sohn *
   und dem Heiligen Geist.

   Wie im Anfang so auch jetzt und allezeit *
   und in Ewigkeit. Amen.

3. *Lied*

4. *Franziskuspsalm*

5. *Lob und Dank*

6. *Schrifttext*

7. *Stille*

8. *Benedictus (am Morgen) oder*
   Magnificat (am Abend)

9. *Vaterunser*

10. *Gebet*

11. *Segen*

Am Montag

1. *Kurze Stille*

2. *Eröffnung*

V: O Gott, komm mir zu Hilfe.
A: Herr, eile mir zu helfen.

Ehre sei dem Vater und dem Sohn *
und dem Heiligen Geist.
Wie im Anfang so auch jetzt und allezeit *
und in Ewigkeit. Amen.

3. *Lied*

4. *Franziskuspsalm*
(Psalm II aus dem Offizium vom Leiden des Herrn)

Antiphon: Gott meines Heiles, ich rufe dich an,
höre mich!

Herr, du Gott meines Heiles, *
vor dir habe ich Tag und Nacht gerufen.

Mein Gebet gelange vor dein Antlitz, *
neige dein Ohr zu meinem Flehen.

Hab acht auf meine Seele und befreie sie, *
um meiner Feinde willen rette mich.

Denn du bist es, der mich losgerissen hat
vom Mutterschoße, *
du meine Hoffnung von meiner Mutter Brust an, *
dir ward ich zugewiesen vom Mutterschoße an.

Von meiner Mutter Schoß an bist du mein Gott, *
geh nicht weg von mir.

Du weißt um meine Beschimpfung
und meine Schande *
und um meine Beschämung.

Vor deinem Angesicht sind alle, die mich bedrängen; *
auf Schmach und Elend ist mein Herz gefasst.

Und ich wartete auf einen, der Mitleid hätte,
und es fand sich keiner, *
und der Trost brächte, und ich fand keinen.

Gott, Frevler haben sich gegen mich erhoben, *
und die Rotte der Gewaltigen trachtete nach meinem
Leben, und dich hielten sie nicht vor Augen.

Zu denen bin ich gerechnet, die zur Grube fahren, *
ich bin geworden wie ein Mensch ohne Hilfe,
hin zu den Toten entlassen.

Du bist mein Vater, *
mein König und mein Gott.

Ehre sei dem Vater und dem Sohn *
und dem Heiligen Geist.

Wie im Anfang so auch jetzt und alle Zeit *
und in Ewigkeit. Amen.

Antiphon: Gott meines Heiles, ich rufe dich an,
höre mich!

5. Lob und Dank

Wir danken dir für das Leben in unseren Straßen,
für die Arbeit und die Möglichkeit zu lernen.

Wir danken dir für Essen und Trinken.
Wir leiden keinen Mangel.

Wir danken dir für Mütter und Väter,
für Schwestern und Brüder,
für Freundinnen und Freunde.

Wir danken für ihre Zuneigung und für ihre Hilfe,
aber auch für ihre Fragen und ihre Kritik.

Wir danken dir für jedes Lachen,
für die Gabe des Humors und die Chance,
uns wieder zu versöhnen nach Streit und Ärger.

Wir danken dir für die Stille
und die Zeit, die uns frei zur Verfügung steht.

Wir danken dir, dass du uns hörst
und ernst nimmst.

Besonderen Dank schulden wir dir für Jesus,
der alles mit uns geteilt hat.

Staunend und bewusst stehen wir vor dir
und stimmen ein in das Lob der Schöpfung.

6. *Schrifttext*

7. *Stille*

8. *Benedictus (am Morgen → S. 246) oder Magnificat (am Abend → S. 248)*

9. *Vaterunser*

10. *Gebet*

11. *Segen*

Am Dienstag

1. *Kurze Stille*

2. *Eröffnung*

V: O Gott, komm mir zu Hilfe.
A: Herr, eile mir zu helfen.

Ehre sei dem Vater und dem Sohn *
und dem Heiligen Geist.

Wie im Anfang so auch jetzt und allezeit *
und in Ewigkeit. Amen.

3. *Lied*

4. *Franziskuspsalm*
(Psalm VII aus dem Offizium vom Leiden des Herrn)

Antiphon: Herr, unser König, wir singen dir ein Lied.

Ihr Völker alle, klatscht in die Hände, *
jubelt Gott zu im Jubelruf.

Denn der Herr ist erhaben, *
ist furchtbar, ein großer König über die ganze Erde.

Denn der heiligste Vater im Himmel,
unser König vor Ewigkeiten, *

hat seinen geliebten Sohn aus der Höhe gesandt
und hat das Heil gewirkt inmitten der Erde.

Freuen sollen sich die Himmel, und es juble die Erde,
aufwalle das Meer und seine Fülle, *
freuen wird sich die Flur und alles, was auf ihr ist.

Singt ihm ein neues Lied, *
singt dem Herrn ihre Lande all.

Denn groß ist der Herr und überaus preiswürdig, *
furchtbar ist er über alle Götter.

Bringt dem Herrn, ihr Völkerstämme,
bringt dem Herrn Preis und Ehre, *
bringt dem Herrn den Lobpreis für seinen Namen.

Bringt eure Leiber dar und tragt sein heiliges Kreuz *
und folgt bis zum Ende seinen heiligsten Geboten.

Es erbebe vor seinem Angesicht die ganze Erde; *
kündet es unter den Völkern, dass der Herr
vom Holz herab herrscht.

Ehre sei dem Vater und dem Sohn *
und dem Heiligen Geist.

Wie im Anfang so auch jetzt und alle Zeit *
und in Ewigkeit. Amen.

Antiphon: Herr, unser König, wir singen dir ein Lied.

5. *Lob und Dank*

Ich preise dich, Gott, für die Sehnsucht,
die du in mich gepflanzt hast.

Ich preise dich, Gott,
für den Hunger nach Liebe
und den Durst nach Leben.

Ich preise dich für die Gabe der Freundschaft,
für den Blick über den eigenen Zaun
für die Hände, die ich ausstrecken darf
zum Frieden und zur Versöhnung.

Ich preise dich, Gott,
für den Sinn nach Gerechtigkeit,
für die Empörung gegen die Gewalt,
für die Phantasie meines Geistes,
für den Aufstand gegen Angst und Verzweiflung.

Ich preise dich, Gott, für meinen Auftrag,
mitzubauen an einer neuen Welt
und an deinem Reich.

6. *Schrifttext*

7. *Stille*

8. *Benedictus (am Morgen → S. 246) oder*
Magnificat (am Abend → S. 248)

9. *Vaterunser*

10. *Gebet*

11. *Segen*

Am Mittwoch

1. *Kurze Stille*

2. Eröffnung

V: O Gott, komm mir zu Hilfe.
A: Herr, eile mir zu helfen.

Ehre sei dem Vater und dem Sohn *
und dem Heiligen Geist.

Wie im Anfang so auch jetzt und allezeit *
und in Ewigkeit. Amen.

3. *Lied*

4. *Franziskuspsalm*
(Psalm VIII aus dem Offizium vom Leiden des Herrn)

Antiphon: Lobpreiset den Herrn
und singet seinem Namen.

Singt dem Herrn ein neues Lied, *
denn Wunderbares hat er getan.

Seinen geliebten Sohn hat seine Rechte geweiht *
und sein heiliger Arm.

Kundgetan hat der Herr sein Heil; *
vor dem Angesicht aller Völker hat er
seine Gerechtigkeit offenbart.

An jenem Tag hat der Herr sein Erbarmen entboten, *
und in der Nacht erklang sein Lobgesang.

Das ist der Tag, den der Herr gemacht hat, *
an ihm lasst uns jubeln und frohlocken.

Gepriesen sei, der da kommt im Namen des Herrn. *
der Herr ist Gott und hat uns Licht gespendet.

Freuen sollen sich die Himmel, und es juble die Erde;
aufwalle das Meer und seine Fülle; *
freuen wird sich die Flur und alles, was auf ihr ist.

Bringt dem Herrn, ihr Völkerstämme,
bringt dem Herrn Preis und Ehre, *
bringt dem Herrn den Lobpreis für seinen Namen.

Ihr Reiche der Erde, singet Gott, *
lobpreiset den Herrn.

Lobpreiset Gott, der über den Himmel des Himmels
emporsteigt *
dem Aufgang zu.

Seht, er wird seiner Stimme den Ton der Stärke
verleihen; gebt Gott die Ehre über Israel; *
seine Herrlichkeit und seine Stärke erstrahlt
in den Wolken.

Wunderbar ist Gott in seinen Heiligen; *
Israels Gott, er selber wird seinem Volke
Stärke und Kraft verleihen;
gepriesen sei Gott.

Ehre sei dem Vater und dem Sohn *
und dem Heiligen Geist.

Wie im Anfang so auch jetzt und alle Zeit *
und in Ewigkeit. Amen.

Antiphon: Lobpreiset den Herrn
und singet seinem Namen.

5. *Lob und Dank*

Heiliger Geist,
Wir preisen deine Gegenwart, die uns unruhig macht.
Wir preisen dein Feuer, das uns reinigt.
Wir preisen deinen Atem, der uns belebt.
Wir preisen deinen Sturm, der uns mitreißt.
Wir preisen deine Sprache, die Frieden stiftet.
Wir preisen deinen Trost gegen die Traurigkeit.
Wir preisen deinen Ansporn, das Evangelium zu tun.
Wir preisen deinen Lebenshauch,
der uns auferwecken wird.

6. *Schrifttext*

7. *Stille*

8. *Benedictus (am Morgen → S. 246) oder*
Magnificat (am Abend → S. 248)

9. *Vaterunser*

10. *Gebet*

11. *Segen*

Am Donnerstag

1. *Kurze Stille*

2. *Eröffnung*

V: O Gott, komm mir zu Hilfe.
A: Herr, eile mir zu helfen.

Ehre sei dem Vater und dem Sohn *
und dem Heiligen Geist.

Wie im Anfang so auch jetzt und allezeit *
und in Ewigkeit. Amen.

3. *Lied*

4. *Franziskuspsalm*
(Psalm X aus dem Offizium vom Leiden des Herrn)

Antiphon: Lobet den Herrn, alle Völker, preiset den Herrn, alle Menschen, und betet ihn an.

Jauchzet dem Herrn alle Lande,
singt ein Loblied seinem Namen, *
gebt Ehre zu seinem Ruhm.

Sprecht zu Gott: Wie furchterregend sind deine Werke, Herr, *
bei der Fülle deiner Macht schmeicheln dir deine Feinde.

Die ganze Erde bete dich an und lobsinge dir, *
sie singe ein Loblied deinem Namen.

Ihr alle, die ihr den Herrn fürchtet, kommt,
hört und ich werde erzählen, *
wie Großes der Herr meiner Seele getan hat.

Zu ihm hab ich mit meinem Mund gerufen *
und ihn mit meiner Zunge gepriesen.

Und er hat meine Stimme erhört von seinem
heiligen Tempel her, *
und vor sein Antlitz ist mein Rufen hin gedrungen.

Lobpreiset, ihr Völker, unseren Herrn, *
und lasset hören die Stimme zu seinem Ruhm.

Und gesegnet werden in ihm alle Stämme der Erde, *
alle Völker werden ihn preisen.

Gepriesen sei der Herr, der Gott Israels, *
der allein große Wunderwerke vollbringt.

Und gepriesen sei der Name seiner Majestät auf ewig, *
und alle Erde wird erfüllt sein von seiner Majestät.
So sei es, so sei es.

Ehre sei dem Vater und dem Sohn *
und dem Heiligen Geist.

Wie im Anfang so auch jetzt und allezeit *
und in Ewigkeit. Amen.

Antiphon: Lobet den Herrn, alle Völker,
preiset den Herrn, alle Menschen, und betet ihn an.

5. Lob und Dank

Wir loben dich, Gott,
mit dem Schweigen unserer Lippen.

Wir danken dir, Gott,
für die Sprache der Stille.

Wir loben dich, Gott,
mit der stummen Materie.

Wir danken dir, Gott,
für das lautlose Wachsen der Natur.

Wir loben dich, Gott,
mit der Stille der Nacht.

Wir danken dir, Gott,
für das Glück des Alleinseins.

Wir loben dich, Gott,
mit den ungelösten Fragen.

Wir danken dir, Gott,
für das sprachlose Staunen.

Wir loben dich, Gott,
mit den Geheimnissen der Liebenden.

Wir danken dir, Gott,
für die Verschwiegenheit der Freunde.

Wir loben dich, Gott,
mit den Gebeten ohne Worte.

Wir danken dir, Gott,
für deine Gegenwart im Schweigen.

6. *Schrifttext*

7. *Stille*

8. *Benedictus (am Morgen → S. 246) oder Magnificat (am Abend → S. 248)*

9. *Vaterunser*

10. *Gebet*

11. *Segen*

Am Freitag

1. *Kurze Stille*

2. *Eröffnung*

V: O Gott, komm mir zu Hilfe.
A: Herr, eile mir zu helfen.

Ehre sei dem Vater und dem Sohn *
und dem Heiligen Geist.

Wie im Anfang so auch jetzt und allezeit *
und in Ewigkeit. Amen.

3. *Lied*

4. *Franziskuspsalm*
(Psalm XII aus dem Offizium vom Leiden des Herrn)

Antiphon: Herr, du bist meine Hoffnung,
auf dich vertraue ich.

Auf dich, Herr, habe ich gehofft, / +
ich werde nicht zuschanden in Ewigkeit, *
in deiner Gerechtigkeit befreie mich und errette mich.

Neige zu mir dein Ohr *
und rette mich.

Werde mir zum beschirmenden Gott
und zum befestigten Ort, *
dass du mich errettest.

Denn du bist meine Zuversicht, Herr, *
o Herr, du meine Hoffnung von meiner Jugend an.

Auf dich bin ich gestützt vom Mutterschoße an, +
von meiner Mutter Leib an bist du mein Beschützer, *
zu dir geht stets mein Lobgesang.

Mit Lobpreis fülle sich mein Mund,
dass ich besinge deine Herrlichkeit, *
den ganzen Tag lang deine Größe.

Erhöre mich, Herr, denn liebevoll ist dein Erbarmen, *
nach der Vielzahl deiner Erbarmungen schau auf mich.

Und wende das Antlitz nicht ab von deinem Knecht, *
denn ich bin bedrängt, erhör mich eilends.

Gepriesen sei der Herr, mein Gott, denn er ist mein
Beschirmer und meine Zuflucht geworden*
am Tage meiner Drangsal.

Mein Helfer, dir will ich lobsingen, denn du, Gott,
bist mein Beschirmer, *
mein Gott bist du, du mein Erbarmen.

Ehre sei dem Vater und dem Sohn *
und dem Heiligen Geist.

Wie im Anfang so auch jetzt und allezeit *
und in Ewigkeit. Amen.

Antiphon: Herr, du bist meine Hoffnung,
auf dich vertraue ich.

5. *Lob und Dank*

Mein Gott, ich kann nur staunen vor deiner Armut.
Ich begreife deinen Weg nicht,
aber ich spüre, dass es der Weg der Liebe ist.

Mein Gott, ich kann nur dankbar sein,
weil du mein Bruder bist.

Als Mensch hast du gelebt.
Du hast den Widerspruch ausgehalten,
den Hass, die Schläge und das Sterben.

Mein Gott, ich kann nur aufatmen und glücklich sein.
Du hast mich befreit und mir den Ausweg gezeigt,
der aus dem Tod ins Leben führt.

Mein Gott, ich kann nur aufbrechen
und die Zukunft wagen.
Dein Brot gibst du mir auf den Weg,
aus seiner Kraft werde ich leben.

6. *Schrifttext*

7. *Stille*

8. *Benedictus (am Morgen → S. 246) oder*
   Magnificat (am Abend → S. 248)

9. *Vaterunser*

10. *Gebet*

11. *Segen*

Am Samstag

1. *Kurze Stille*

2. Eröffnung

V: O Gott, komm mir zu Hilfe.
A: Herr, eile mir zu helfen.

Ehre sei dem Vater und dem Sohn *
und dem Heiligen Geist.

Wie im Anfang so auch jetzt und allezeit *
und in Ewigkeit. Amen.

3. *Lied*

4. *Franziskuspsalm*
(Psalm XII aus dem Offizium vom Leiden des Herrn)

Antiphon: Halleluja, halleluja, halleluja, halleluja.

Lobpreisen will ich dich, Herr, heiligster Vater,
König des Himmels und der Erde, *
denn du hast mich getröstet.

Du bist, o Gott, mein Retter, *
voll Zuflucht will ich handeln und
mich nicht fürchten.

Meine Stärke und mein Loblied ist der Herr, *
und er ist mir zum Heil geworden.

Deine Rechte, Herr, ist hochgeschätzt an Kraft;
deine Rechte, Herr, hat den Feind geschlagen, *
und in der Fülle deiner Herrlichkeit hast du
meine Gegner gestürzt.

Die Armen sollen es sehen und sich freuen; *
suchet Gott, und eure Seele wird leben.

Lobpreisen sollen ihn Himmel und Erde, *
das Meer und alles, was sich regt in ihm.

Denn Gott wird Sion erretten, *
und es werden aufgebaut werden Judas Städte.

Und sie werden dort wohnen *
und es als Erbe erhalten.

Und die Nachkommen seiner Knechte
werden es besitzen, *
und die seinen Namen lieben, werden darin wohnen.

Ehre sei dem Vater und dem Sohn *
und dem Heiligen Geist.

Wie im Anfang so auch jetzt und allezeit *
und in Ewigkeit. Amen.

Antiphon: Halleluja, halleluja, halleluja, halleluja.

5. Lob und Dank

Ehre sei dir, Gott, unserem Schöpfer:
Hauch uns neues Leben ein, gib uns neuen Sinn.

Ehre sei dir, Gott, unserem Befreier:
Führe uns auf dem Weg der Gerechtigkeit
und des Friedens.

Ehre sei dir, Gott, Heiliger Geist:
Heile und wandle uns um,
damit wir andere zu einem neuen Leben
ermutigen können.

Maria, Quelle des Friedens. – *Befreie uns!*
Du Vorbild im Mut.
Du Vorbild in der Sanftheit.
Du Vorbild im Vertrauen.
Du Vorbild in der Geduld.
Du Vorbild in der Bereitschaft zum Risiko.
Du Vorbild in der Offenheit.
Du Vorbild in der Ausdauer.

Du Mutter des Befreiers. – *Bitte für uns.*
Du Mutter der Obdachlosen.
Du Mutter der Sterbenden.
Du Mutter der Gewaltlosen und Friedfertigen.
Du Mutter der politischen Gefangenen.
Du Mutter der wegen ihres Glaubens
zum Tode Verurteilten.

Du Frau aus den Reihen der Unterdrückten. –
Führe uns zum Leben.
Du Befreierin der Unterdrückten.
Du Trost der Betrübten.
Du Schwester aller benachteiligten Frauen.
Du Zeichen des Widerspruchs.
Du Überwinderin aller Fesseln.
Du Frau auf der Flucht vor politischer Verfolgung.
Du Asylsucherin.
Du erste Jüngerin Jesu.
Du Teilhaberin an seinem Leiden.
Du Zeugin der Auferstehung.

Du Frau des Erbarmens. – *Ermutige uns.*
Du Frau des Glaubens.
Du Frau im Schweigen Gottes.
Du prophetische Frau.
Du Frau der Weisheit und voll Verständnis für andere.
Du Frau, die mit der Hoffnung schwanger ging.

Maria, Königin des Friedens. –
Dir vertrauen wir unser Leben an.
Schütze uns vor Krieg, Hass und Unterdrückung.
Lehre uns ein Leben im Frieden.
Zeige uns, wie wir uns und andere
zum Frieden erziehen.
Gib uns gerechtes Handeln ein
und lass uns Gottes Schöpfung ehren und bewahren.
Lass den Frieden tief in unseren Herzen
und in unserer Welt verwurzelt sein. Amen.

(Litanei zur Frau aus Nazaret, ein Text der Pax Christi USA)

6. *Schrifttext*

7. *Stille*

8. *Benedictus (am Morgen → S. 246) oder Magnificat (am Abend → S. 248)*

9. *Vaterunser*

10. *Gebet*

11. *Segen*

Am Sonntag

1. *Kurze Stille*

2. Eröffnung

V: O Gott, komm mir zu Hilfe.
A: Herr, eile mir zu helfen.

Ehre sei dem Vater und dem Sohn *
und dem Heiligen Geist.

Wie im Anfang so auch jetzt und allezeit *
und in Ewigkeit. Amen.

3. *Lied*

4. *Franziskuspsalm*
(Preisgebet zu allen Horen)

Alle: Lasst uns ihn loben und über alles erheben
in Ewigkeit.

Heilig, heilig, heilig ist der Herr, der allmächtige Gott, *
der ist und der war und der kommen wird.

Würdig bist du, Herr, unser Gott, *
zu empfangen Lob, Herrlichkeit und Ehre und Preis.

Würdig ist das Lamm, das geschlachtet ist, *
zu empfangen Macht und Gottheit und Weisheit
und Stärke und Ehre und Herrlichkeit.

Lasst uns preisen den Vater und den Sohn *
mit dem Heiligen Geist.

Preist den Herrn, alle Werke des Herrn. *
Lobpreiset unseren Gott, ihr seine Diener alle,
und die ihr Gott fürchtet, Kleine und Große.

Loben sollen ihn Himmel und Erde
und jegliche Kreatur, *
und das Meer, und was in ihm sich befindet.

Ehre sei dem Vater und dem Sohn *
und dem Heiligen Geist.

Wie im Anfang, so auch jetzt und allezeit *
und in Ewigkeit. Amen.

Alle: Lasst uns ihn loben und über alles erheben
in Ewigkeit.

5. Lob und Dank

Sei gepriesen, Gott, für deine Treue,
sei gepriesen, Gott, für die Verbindlichkeit
der Frohen Botschaft.

Sei gepriesen, Gott, für Jesus Christus,
der dein Ja-Wort an uns Menschen ist.

Sei gepriesen, Gott, für ihn,
der unbeirrbar seinen Weg ging.

Sei gepriesen, Gott, für das Geschenk,
in der Freiheit der Kinder Gottes leben zu dürfen.

Sei gepriesen, Gott, für die Aufgaben,
die uns das Leben stellt.

Sei gepriesen, Gott, für die Menschen,
denen wir verantwortlich sind.

Sei gepriesen, Gott, für die Erde,
die du allen gabst.

Sei gepriesen, Gott, für unsere Chance,
Brot und Zeit zu teilen.

Sei gepriesen, Gott, für die Worte,
auf die Verlass ist.

Sei gepriesen, Gott, für die Versprechen,
die uns binden.

6. *Schrifttext*

7. *Stille*

8. *Benedictus (am Morgen → S. 246) oder*
   Magnificat (am Abend → S. 248)

9. *Gebet*

10. *Vaterunser*

11. *Segen*

Bei der Anreise

Lied

Gebet
Lebendiger Gott,
mit vielen Namen nennen wir dich und doch bist du
für uns ein Geheimnis.
Wir glauben, dass du auch uns mit Namen kennst,
ja dass unsere Namen eingeschrieben sind in deine Hand.
Mit Dankbarkeit und Freude tragen wir unsere Namen.
Mit Respekt und Achtsamkeit sprechen wir die Namen
der Mitmenschen aus.
Mit deiner Hilfe werden wir in jedem Namen
ein Gesicht sehen
und in jedem Gesicht die unverlierbare Würde spüren,
die du uns, deinen Kindern, gegeben hast.

Anregungen, Fragestellungen und Impulse

> Wenn Sie in einer Gruppe sind, ist dieser Abend die Chance, etwas voneinander zu erfahren. Eine Kennenlern-Runde oder auch Namensschilder sind dafür hilfreich.

Psalm

Freies Gebet (Dank für die Reise, Fürbitte ...)

Vaterunser

Segen

Bei der Abreise

Lied

Gebet

Lebendiger Gott,
Dankbar stehen wir am Ende unserer Pilgerreise.
Viele Eindrücke bleiben in unserem Gedächtnis
und in unserem Herzen.
Wir spürten deine Gegenwart in diesen Tagen
und in dieser Stadt.
Wir fühlen uns Franziskus und Klara nahe.
Sie sind uns vertraut geworden und in uns
ist ein Heimweh gewachsen
nach dem, was wir sein können und sein wollen
in der Nachfolge Jesu.
Du hast uns reich beschenkt, du hast uns gelockt,
dem Ruf unseres Glaubens zu folgen.
Nun werden wir zurückkehren in unseren Alltag.
Segne unseren Weg, segne unsere Sendung,
die wir deine Zeuginnen und Zeugen sind
in dieser Zeit und in dieser Welt.

Anregungen, Fragestellungen und Impulse

Wenn Sie mit einer Gruppe in Assisi sind, werden Sie heute Abschied nehmen von der Stadt und voneinander. Lassen Sie die Eindrücke noch einmal lebendig werden und jede und jeden aussprechen, was für sie / für ihn wichtig war in diesen Tagen. Nehmen Sie sich ein paar Minuten Stille und überlegen Sie die folgenden Fragen:

Welcher der Orte, die wir besucht haben, ist mir am eindrücklichsten in Erinnerung?

Was habe ich von Franziskus und Klara erfahren, was mir bisher unbekannt war?

Wie kann ich / können wir etwas von dieser Lebenshaltung und Lebensform in unser Leben übersetzen? Was will ich mitnehmen?

Psalm

Freies Gebet (Dank und Fürbitte ...)

Vaterunser

Segen

Benedictus (Lk 1,68–79)

Gepriesen sei der Herr, der Gott Israels! *
Denn er hat sein Volk besucht
und ihm Erlösung geschaffen;

er hat uns einen starken Retter erweckt *
im Hause seines Knechtes David.

So hat er verheißen von alters her *
durch den Mund seiner heiligen Propheten.

Er hat uns errettet vor unsern Feinden *
und aus der Hand aller, die uns hassen;

er hat das Erbarmen mit den Vätern an uns vollendet +
und an seinen heiligen Bund gedacht, *
an den Eid, den er unserm Vater Abraham
geschworen hat;

er hat uns geschenkt, dass wir, aus Feindeshand befreit, +
ihm furchtlos dienen in Heiligkeit und Gerechtigkeit *
vor seinem Angesicht all unsre Tage.

Und du, Kind, wirst Prophet des Höchsten heißen; +
denn du wirst dem Herrn vorangehn *
und ihm den Weg bereiten.

Du wirst sein Volk mit der Erfahrung des Heils beschenken *
in der Vergebung der Sünden.

Durch die barmherzige Liebe unseres Gottes *
wird uns besuchen das aufstrahlende Licht aus der Höhe,

um allen zu leuchten, die in Finsternis sitzen und im Schatten des Todes, *
und unsre Schritte zu lenken auf den Weg des Friedens.

Ehre sei dem Vater und dem Sohn *
und dem Heiligen Geist,

wie im Anfang, so auch jetzt und alle Zeit *
und in Ewigkeit. Amen.

Magnificat (Lk 1,46–55)

Meine Seele preist die Größe des Herrn, *
und mein Geist jubelt über Gott, meinen Retter.

Denn auf die Niedrigkeit seiner Magd hat er geschaut. *
Siehe, von nun an preisen mich selig alle Geschlechter!

Denn der Mächtige hat Großes an mir getan, *
und sein Name ist heilig.

Er erbarmt sich von Geschlecht zu Geschlecht *
über alle, die ihn fürchten.

Er vollbringt mit seinem Arm machtvolle Taten; *
er zerstreut, die im Herzen voll Hochmut sind;

er stürzt die Mächtigen vom Thron *
und erhöht die Niedrigen.

Die Hungernden beschenkt er mit seinen Gaben *
und lässt die Reichen leer ausgehn.

Er nimmt sich seines Knechtes Israel an *
und denkt an sein Erbarmen,

das er unsern Vätern verheißen hat, *
Abraham und seinen Nachkommen auf ewig.

Ehre sei dem Vater und dem Sohn *
und dem Heiligen Geist.

Wie im Anfang, so auch jetzt und alle Zeit *
und in Ewigkeit. Amen.

Quellen

Franziskus-Quellen (Abkürzung: FQ)

Dieter Berg und Leonhard Lehmann (Hg.), *Franziskus-Quellen*, © 2009 Edition Coelde in der Butzon & Bercker GmbH, Kevelaer, S. 610–651, www.bube.de

Klara-Quellen (Abkürzung: KQ)

Johannes Schneider OFM und Paul Zahner OFM (Hg.), *Klara-Quellen*, © 2013 Edition Coelde in der Butzon & Bercker GmbH, Kevelaer, www.bube.de

Anmerkung: Texte, die aus den Franziskus-Quellen und Klara-Quellen zitiert werden, sind im Textteil kursiv gedruckt und mit FQ bzw. KQ gekennzeichnet.

Die Darstellung der Person und der Biographie von Klara von Assisi orientiert sich teilweise an:
Anton Rotzetter, *Klara von Assisi. Die erste franziskanische Frau*, Herder Verlag, Freiburg i. Br. 1994

Die Franziskuspsalmen (Psalm II, VII, VIII, X, XI und XII aus dem Offizium vom Leiden des Herrn) sowie das Preisgebet zu allen Horen im Teil 3 (Gebete und Liturgien, Abschnitt Gebetszeiten) sind entnommen aus:
Lothar Hardick OFM und Engelbert Grau OFM (Hg.), *Die Schriften des heiligen Franziskus von Assisi*, Edition Coelde © 2001, Butzon & Bercker GmbH, Kevelaer, www.bube.de
Sie korrespondieren damit mit der vertonten Fassung im Liederbuch SONNENMUSIKANT.

Weitere Quellen

Eligius Leclerq,
Weisheit eines Armen. Franziskus gründet seinen Orden,
Dietrich Coelde Verlag, Werl i. W. 1981

Franz Kafka,
Hochzeitsvorbereitungen auf dem Lande
und andere Prosa aus dem Nachlass,
Herausgegeben von Max Brod, S. Fischer Verlag,
Frankfurt am Main 1953

Ernesto Cardenal,
Das Buch von der Liebe
Peter Hammer Verlag, Wuppertal 1967, Neuausgabe 2008

Hildegard Stockmann,
Ein neues Lied für die Schöpfung,
Quelle: Zeitschrift Franziskaner Mission,
Ausgabe 3 / 2003

Claudius Groß,
Aus Gott in die Welt. Erfahrungen und Orientierungen,
Text- und Gebetsheft für Fußwallfahrt von Fulda nach
Marienthal 1991, unveröffentlichtes Manuskript

Papst Franziskus
Zehn Merksätze aus der Enzyklika „Fratelli tutti"
(5. Oktober 2020) © Libreria Editrice Vaticana

Martha Aisi Elisa,
Ökumenisches Friedensgebet 2012
(Übertragung: Hofagao Kaia und Freddy Dutz),
Quelle: 2011, EMW, Hamburg, DKMR, Bonn, missio,
Aachen und München

Kurt Weigel,
Es gibt Zeiten, da möchte ich auf einer Insel wohnen. Meditatives Strandgut zwischen Himmel und Erde,
Aschendorff Verlag, Münster 2012

Texte ohne ausdrückliche Quellenangaben stammen vom Autor. Teile dieser Texte – u. a. die Klara-Gebete – sind veröffentlicht in:
Helmut Schlegel OFM (Hrsg.),
Singen, beten, feiern mit Klara von Assisi. Lieder, Gebete, Meditationen,
Dietrich Coelde Verlag, Werl i. W. 1993

Die Bilbeltexte sind entnommen der Einheitsübersetzung der Heiligen Schrift

Klimaneutral
Unternehmen
ClimatePartner.com/11490-1412-1001

Bibliografische Information der Deutschen Nationalbibliothek

Die Deutsche Nationalbibliothek verzeichnet diese Publikation in der Deutschen Nationalbibliografie; detaillierte bibliografische Daten sind im Internet über ‹http://dnb.d-nb.de› abrufbar.

3. Auflage 2022

www.echter-verlag.de

Gestaltung: Peter Hellmund
(Umschlagfoto: Stockphoto)
Druck und Bindung: Pressel, Remshalden

ISBN 978-3-429-03586-0